## 版 权 声 明

*Decoding the U. S. Corporate Tax* by Daniel N. Shaviro

Copyright © 2009. The Urban Institute.

All Rights Reserverd. Except for short quotes, no part of this book may be reproduced or used in any form or by any means, electronic or mechanical, including photocopying, recording, or by information storage or retrieval system, without written permission from the Urban Institute Press.

All Rights Reserverd. Authorized translation from the English language edition published by The Urban Institute.

# 解密美国公司税法

Decoding the U.S. Corporate Tax

*税法学研究文库*

总主编 刘剑文

[美] 丹尼尔·沙维尔 著
(Daniel N. Shaviro)

许多奇 译

北京大学出版社
PEKING UNIVERSITY PRESS

著作权合同登记图字:01-2009-7778

图书在版编目(CIP)数据

解密美国公司税法/(美)沙维尔(Shaviro,D. N.)著;许多奇译.—北京:北京大学出版社,2011.11

(税法学研究文库)

ISBN 978-7-301-16721-2

Ⅰ.①解… Ⅱ.①沙…②许… Ⅲ.①公司-税收管理-税法-研究-美国 Ⅳ.①D971.222

中国版本图书馆 CIP 数据核字(2011)第 216364 号

书　　　名：解密美国公司税法

著作责任者：〔美〕丹尼尔·沙维尔　著　许多奇　译

责任编辑：王宁　王晶

标准书号：ISBN 978-7-301-16721-2/D·2974

出版发行：北京大学出版社

地　　　址：北京市海淀区成府路 205 号　　100871

网　　　址：http://www.pup.cn

电　　　话：邮购部 62752015　发行部 62750672　编辑部 62752027
　　　　　　 出版部 62754962

电子邮箱：law@pup.pku.edu.cn

印　刷　者：三河市北燕印装有限公司

经　销　者：新华书店

　　　　　　 965 毫米×1300 毫米　16 开本　12.25 印张　210 千字
　　　　　　 2011 年 11 月第 1 版　2011 年 11 月第 1 次印刷

定　　　价：24.00 元

未经许可,不得以任何方式复制或抄袭本书之部分或全部内容。

版权所有,侵权必究

举报电话:010-62752024　电子邮箱:fd@pup.pku.edu.cn

# 总　　序

《税法学研究文库》是继《财税法系列教材》、《财税法论丛》和《当代中国依法治税丛书》之后由我主持推出的另一个大型税法研究项目。该项目的目的不仅在于展示当代中国税法学研究的最新成果，更在于激励具有创新精神的年轻学者脱颖而出，在传播、推广税法知识的同时，加快税法研究职业团队的建设和形成。

税法学是一门年轻、开放、尚处于成长期的新学科。谓其年轻，是因为它不像民法学和刑法学一样拥有悠久的历史渊源；谓其开放，是因为它与经济学、管理学以及其他法学学科等存在多方面的交叉与融合；谓其成长，是因为它的应用和发展空间无限广阔。在我国加入世界贸易组织之后，随着民主宪政、税收法治等先进理念的普及和深入，纳税人的权利意识越发强烈，其对税收的课征比任何时期都更为敏感和关心。税法学的存在价值，正在于科学地发现和把握征纳双方的利益平衡，在公平、正义理念的指导下，实现国家税收秩序的稳定与和谐。

长期以来，我一直致力于税法学的教学和研究，发表和出版了一系列论文和专著，主持了多项国家级科研课题，对中国税法学的发展以及税收法制建设做了一些力所能及的工作。然而，不容否认，中国税法学的研究力量仍然十分薄弱，有分量的研究成果也不多见，税法和税法学的应有地位与现实形成强烈的反差。我深深地感到，要想改变这种状态，绝非某个人或某一单位力所能及。当务之急，必须聚集和整合全国范围内的研究资源，挖掘和培养一批敢创新、有积累的年轻税法学者，在建设相对稳定的职业研究团体的同时，形成结构合理的学术梯队，通过集体的力量组织专题攻关。唯其如此，中国税法学也才有可能展开平等的国际对话，而税法学研究的薪火也才能代代相传，生生不息。

近年来，我先后主编《财税法系列教材》、《财税法论丛》、《当代中国依法治税丛书》，这三项计划的开展，不仅使税法学研究的问题、方法和进程逐渐为法学界所熟悉和认同，同时也推动了税法学界的交流与合作。在此过程中，我既看到了新一代税法学者的耕耘和梦想，更感受到了他们在研究途中跋涉的艰辛。这群年轻的学者大多已取得博士学位，或已取得副教授职称，且至少熟练掌握一门外语。最为重要的是，他们对专业充满热忱，愿意为中国税法学贡献毕生精力。正是在他们的期待和鼓励下，为了展示中国税法学的成长和进步，激励更多的优秀人才加入研究队伍，我与北京大学出版社积极接触、多次磋商，终于在2002年达成了本文库的出版协议。

衷心感谢北京大学出版社对中国税法学的积极扶持。如果没有对学术事业的关心和远见，他们不会愿意承担本文库出版的全部市场风险，更不会按正常标准支付稿费。此举的意义，远远溢出了一种商业架构，事实上为中国年轻的税法学提供了一个新的发展机遇。正是他们的支持，才使得主编可以严格按照学术标准组织稿件，也使得作者可以心无旁骛，潜心研究和创作。若干年之后，当人们梳理中国税法学进步的脉络时，除了列举税法学人的成果和贡献，也应该为所有提供过支持的出版机构写上重重的一笔。这里，我还要代表全体作者特别感谢北京大学出版社副总编杨立范先生，他的智识和筹划，是本文库得以与读者见面不可或缺的重要因素。

本文库计划每年出版3—5本，内容涉及税法哲学、税法史学、税法制度学；税收体制法、税收实体法、税收程序法；税收收入法、税收支出法；国内税法、外国税法、国际税法、比较税法等多重角度和层面。只要观点鲜明，体系严密，资料翔实，论证有力，不管何种风格的税法专著都可成为文库的收录对象。我们希望，本文库能够成为展示税法理论成果的窗口，成为促进税法学术交流的平台。如果能够由此发现和锻炼更多的税法学人，推动税法理论与实践的沟通和互动，我们编辑文库的目的就已经实现。

刘剑文
2004年于北京大学财经法研究中心
中国财税法网（www.cftl.cn）
中国税法网（www.cntl.cn）

# 译　者　序

　　丹尼尔·沙维尔(Daniel Shaviro)是美国纽约大学知名的韦恩·佩里(Wayne Perry)冠名税法教授。他有着过硬的学术背景：1978年获普林斯顿大学历史学学士学位，1981年获耶鲁大学法学院法学博士学位。沙维尔教授的职业生涯丰富多彩。早期在华盛顿的卡普林&特拉斯代尔(Caplin & Drysdale)律所工作，三年之后前往政府机构税务联合委员会(Joint Committee on Taxation)担任了三年法律顾问，期间亲身参与美国1986年颁布实施的《税制改革法案》的立法过程，获得丰富的税收法律实践经验。1987年，他带着学术梦想到芝加哥大学法学院任教。1995年又来到全美税法研究和教学力量最强的纽约大学法学院任教至今，教授公司税法、所得税法、涉外税法以及税收政策等课程，并每年组织为时一学期的税收政策与公共财政的系列前沿研讨会。该研讨会以实践与理论相结合、多学科交叉融合研讨为特色，全国乃至全世界的优秀财税法学者、税收立法官员等不同行业人士以受邀该会作主题报告为荣，因而精英荟萃，引领着全美乃至世界财税法前沿问题的学术研究潮流与航向。沙维尔教授研究成果极为丰厚，到目前为止，共出版了十余部英文著作，五十余篇学术论文，除了2009年出版的《解密美国公司税法》、2006年出版的《税收、财政支出与美国政府迈向破产之路》、2006年出版的《谁来为医疗保险买单》等学术力作之外，2010年还出版了一本集20年功力为一身，以美国财税律师真实生涯为背景的畅销小说《获取》。

　　我在纽约大学的税收政策与公共财政系列前沿研讨会和财政法律与政策课程上初识丹尼尔·沙维尔教授，在纽约大学豪泽环球(Hauser Global)项目做访问学者的一年中，他渊博的学识以及客观务实的治学态度和求索精神，给我的印象极为深刻。他的著作擅长用轻松简洁的笔触传达严肃的学术思想；课堂上的他则和蔼亲切，喜爱运用简单的例证和直接回应学生提问的方式分析艰深的财税法律问题。沙维尔教授充沛的精力也让人惊讶和钦佩,除了大量的教学、科研和目不暇接的学术交流活动之外,他的税法博客至少每两天更新一次,不但探讨美国财税政策和立法最新的热点问题,而且话题广泛,从美国总统到纽约街头卖艺的乞丐都能引起博客的关注,充分反映出一个世界顶尖税法学者对社会生活和政策立法之间互动关系的敏锐嗅觉。

翻译本书的原因,除了对作者本人的尊重之外,再就是该书的价值。我发现公司税法在美国法学院的课程设置中大多数为必修课,但至今却未找到一本统一的教材。开设公司税法课程通常由授课教师自己收集相关资料发给学生预习,上课时教师则围绕公司税法的众多法条展开,以税收计算和税法案例为主要素材。在这种情况下,《解密美国公司税法》一书用短短两百余页的文字,言简意赅地向人们展现出美国公司税法的发展历史并围绕两党博弈变迁的图景,实属难得,填补了公司税法课程教材的空白。此外,该书发表于次贷危机爆发后政府采取各种财政金融手段解救美国经济和弥补财政赤字的 2009 年,更具有特殊意义。作者用历史学、政治学和经济学等多元学科的知识和方法分析了美国公司税法面临的现实威胁和未来财税法改革面临的改变的挑战。一方面铺陈基本的政策议题,指明现有公司税法存在的困境及其产生的历史根源;另一方面对美国公司税法面临进退维谷的窘境并未丧失信心,而是大声疾呼,指明税法改革的前进方向,从美国公司税法的角度勾画了税收公平且保障财政收入的理想蓝图。

本书的翻译,除了作者本人的支持和鼓励之外,我还得到许多人的指点和帮助,在此深表谢意。首先,感谢我在纽约大学的合作教师莉莉·巴舍尔德(Lily Bachelder)教授(她现正在美国参议院财政委员会担任首席顾问,同时纽约大学法学院保留其终生教授席位),当我表明对美国公司税法有浓厚兴趣时,她马上向我推荐她的同事沙维尔教授刚刚出版的《解密美国公司税法》一书,引发了我翻译这本书的强烈愿望;其次,感谢中国法学会财税法学研究会会长刘剑文教授对翻译本书的肯定和推荐;再次,感谢我的研究生杨州、蒋雅丽和王沁同学为本书的翻译初稿付出的辛勤劳动,没有与同学们的多次探讨和交流,我在繁忙的科研教学和行政事务中是无法按时完成这本翻译书稿工作的;最后,感谢凯原法学院院长季卫东教授对后学的关心和爱护,他多次问及书籍翻译的事情,敦促我不敢有丝毫的懈怠,唯有学会主次安排,提高效率。当然,还要感谢北京大学出版社的编辑,谢谢她们细致的校对并提供各种帮助。

  由于本书是我的第一本译著,虽然几经努力,翻译之中的语言转换所致的误读或误译,在所难免,敬请读者见谅并不吝赐教。

许多奇

于沪上莲花居

**2011 年 5 月 28 日**

献给先父
索尔·沙维尔
我所认识的最好的人之一

## 致谢

作者感激约拉姆·玛格流特(Yoram Margalioth)以及两位匿名评论人对早期书稿的评论。

# 简　介

马克·吐温曾经说过,人们常常谈论天气,但总是无能为力。对税收决策者以及专家来说,公司税制通常也是这样。美国公司税收大约起始于1909年——比现行的个人所得税要久远——且一直是一项重要的制度,每年筹集超过3000亿美元的税款。律师和经济学家一直研究公司税制,也常常认为公司税制亟需改革甚至被废除,但数十年来关于公司税制的改革一直进展缓慢,并无多少重大的改变。

然而,正如全球变暖的时代人类活动最终可能会对气候造成影响一样,公司税制可能也会在不久的将来往新方向发展。这里,主要的推动力不是不断上升的二氧化碳水平,而是全球化以及世界范围内资本流动性的不断加强,以及在设计资本市场交易的金融工具时的金融创新。这些趋势很可能重构公司税法得以发挥作用的根本性因素,诸如课征多少税收、谁来承担以及最终每个人承担到何种程度等。这些变化不仅仅会导致,甚至最终可能使得对于美国公司税收如何(是否)运作的大规模反思成为必要。

然而,即使需要采取某些措施,对于应采取何种措施仍在激烈的讨论之中。尽管对公司税制已有大量的研究,专家与公众在许多方面仍对公司税制的真正运营基础缺乏了解。

下面的一些评论说明了公众与专家的困惑与分歧,以及可能使得公司税收法律变革难以避免的政治压力:

(1) 公司整合,一种可以消除现有的同时在公司与股东层面对公司所得双重征税的税收改革理念,得到了持不同政治立场的学者的广泛支持,然而公众对此却甚少支持,乔治·W. 布什总统于其政治高峰期2003年,与基本较为谦恭的共和党国会合作,亦无法完全通过这样的法案。国会虽没有废除而只是降低了股息分配时股东层面的税收,但是其规定这种股东税收减免将于2010年后终止,旧的公司税制很可能起死回生,而且在此期间将给投资者与公司行为人对于2011年及此后应作何预期带来重大的不确定性。

（2）原定2011年到期的股息税率削减必将引发国会对于公司税制如何发展持续性的、积极的政治考量。然而，不管是该税率削减是延期还是到期，都很难马上达成政治均衡。共和党人倾向于承诺某种形式的永久性公司税收减免（与完全的双重税收相关），而民主党人倾向于反对这一做法，且任何一方似乎都没有兴趣达成一个稳定的妥协。因此，即使落日条款问题得以解决，这种不稳定也极有可能持续下去。

（3）近来，国会的两方势力都在酝酿降低美国公司税率，以使之显著低于个人税率上限。世界范围内公司税率普遍呈下降趋势，反映出美国应更关注国际税收竞争。只要富人不会仅仅由于税收原因而离开美国，最高个人税率则面临着明显较少的竞争压力。然而，对于那些可以将其收入转移进一个公司实体且规避掉第二层次税收的纳税人来说，公司与个人税率之间巨大差距则是一个潜在的纳税筹划渊薮。这也会引发关于较低的公司税率如何与旨在累进性分配税收负担的整个体制相协调的严重问题。

（4）支持公司所得双重课税以及严格的公司税收实施的人们常常视公司税收体制为一种通过让相对富有的股东（或一般意义上的投资者）承担税负来增加税制累进性的途径。而关于公司税制的另一派虽然也认可这一点，但对于累进是好是坏具有不同的政策偏好。尽管如此，关于公司税收如何影响累进性仍在实证上存在重大的悬而未决的问题。不断增加的世界范围内的资本流动性表明，是工人而非投资者，可能是公司税负的主要承担者，但这在实证上仍不确定（尽管近来有些研究已得出肯定的结论）。

（5）当不再关注累进性时，关于公司税收的政治分歧通常聚焦于公司税负应如何在个人与公司部门间进行分配。表面上来看，这毫无意义（除非这另有指代，比如累进性或不同经济部门），因为只有活生生的个人，而不是仅存在于纸面上的法律实体，才能实际承担税负。至少就目前而言，美国实际需要公司层面的税收的主要原因与累进性或假设的个人和公司部门间税负的适当分配没有直接关系。相反，这是由于美国税收体制采用的是所得税而非消费税。前者涉及对储蓄征税（最方便的就是以当前收入为税基），而后者直到人们实际支出其所得时才予以征税。因此，在所得税的环境下，不在公司层面征税将使所有公司（为税收目的所界定的）转变为特殊的免税储蓄账户。相较而言,在消费税环境下时,我们只需待投资者收回赚取的公司利润并用于消费时征税,而不会将公司转变为事实上的避税实体。

(6)经济学家为了理解公司税制的分配性或其他影响而试图构建公司税收模型时面临着一个提法是否适当的问题。公司税制的实际作用并不明确,因为其真正的内容取决于一系列高度形式主义的概念区分(line-drawing exercises)——例如,为了税收目的界定公司与非公司实体,或者区分债权与股权——最终在实践中是如何解决的。我将这些公司税制赖以构建的各种法律区分称为"散沙之柱"(pillars of sand),因为除非不断加以强化其一直存在随时崩溃的威胁。

解决经济学家构建模型问题的常规方法是作出一个众所周知的、不是完全真实的简化假设。例如要么假设(A)为金融工具而进行的债权或股权的分类完全是随意选择的,根本没有考虑到投资者的实际经济关系。或是假设(B)该分类包含着由于成分不同(比如巧克力和香草冰激凌)而口味具有天壤之别的一个完全的二元划分。任何一个假设都不是完全真实的,但模型采用哪一种预设更能代表事实,却会对结论产生根本性的影响。例如,若债权—股权的选择完全是随意的,那么双重税收问题则会转变为关于公司税是否使选择以公司实体的形式来从事商业获得了不正当的利益,而不是不正当地承担了税负的忧虑。

(7)对实际的公司行为仍旧理解不足。比如,为什么公司支付红利而非留存或者回购自己的股票份额这样一个简单的问题,一直以来没有定论。许多可以观察到的经理人行为,诸如即使投资者能通过阅读财务报告的脚注而得知坏消息却仍旧执迷于夸大公布的财务利润,是难以与经济学分析中通常较有说服力的理性行为和市场效率假设相符的。

(8)近来的经济学研究越来越支持的商业利益说认为,作为美国的国家福利,全球化使得增加美国跨国公司在海外市场的竞争力变得尤为重要。但当考虑到对外投资时,到底这些跨国企业所面临的税率是(A)不高于其海外竞争者,或者(B)不低于其投资于国内时所面临的税率,哪一种更符合美国自身的利益,连拥护者之间也看法不同。当国家间的税率不同时,不可能同时做到以上两者。

\* \* \* \*

针对这种复杂、混乱的背景,本书写作目的如下:第一,阐述公司税产生的主要政策问题,并且表明关于公司税制是什么以及如何发挥作用的内在奥秘的不同假设会影响到政策分析。我们将会看到,尽管几乎没有合理的假设能够得出当前的制度实际上是有意义的这一结论,但也难以断定其扭曲的规则中哪一个需要立即解决。例如,双重征税带来的危害可大可小,这取决于采纳哪种关于税收如何运行的假设。在国际范围内,尽管对美国跨国公司对外投资征税的当前规则是极度无效的已达成广泛的共识,由于对该问题的分析缺乏适当的综合性框架,最优制度的轮廓(即使在政治上可行的选择之间)仍有争议。

第二,在考虑三种重要趋势的基础上,本书涉及了公司税制的发展方向。其一是不断发展的金融创新,使得制度的结构单元,比如债权股权之别,更加的脆弱以及可操纵。其二是不断扩张的世界范围内的资本流动性。其三是美国税收政策中蕴含的不断加剧的政治不稳定性,这源自于尖锐的党派分歧以及最终需要大幅增税来弥补的长期财政短缺。对未来税收政策的预期在形成公司课税的当下激励效应中尤为重要。

最后,本书讨论了公司税收改革基本分析与趋势的影响。其中,本书认为公司整合不值得实施,除非消除债权股权之别,而这与2003年布什政府努力所作的设计选择是背道而驰的。保留债权股权之别,将如经济学家莫顿·米勒于30年前预言的那样,越来越使得投资者可以有效地选择以公司税率(通过持股)或者以其个人税率(持有债权)中一个较低的纳税。随着大量来自世界各地的免税参与者投入到市场当中,对美国公司所得只征一次税甚至都越来越成为问题,除非同等对待债权与股权以消除这种有效的选择。

考虑到适当的公司整合的困难及其无法成为一种稳定制度的风险性,本书认为公司税收的改革若着重于往其他方向努力可更富于成效,尤其是以下三种可能性:(1)基于国际竞争的原因降低美国公司税率,(2)在未大幅改革课税水平的前提下彻底简化美国国际税收规则,(3)设法解决众所周知的公司高管的一种倾向,即在提交给美国国内税收管理局的纳税申报单中少报公司所得的同时,却在向投资者公布的财务报表中夸大公司所得。

本书的框架如下：第一部分，"基本原理"，回顾了公司税是什么，其每个核心要素为什么会存在，以及结合在一起，这些要素产生了什么样的经济扭曲作用。第二部分，"公司税收的经济原理"，评述了相互冲突的几个经济模型，他们代表了几种关于公司税如何影响国民经济财富创造和分配的完全分歧的观点。第三部分探究了美国公司税收政策的国际维度，这甚至比其国内维度牵涉更大的分歧和不确定性。最后是第四部分，"公司税走向何方？"，审视了可能的法律变革方向。首先考查了公司整合的主要方法以及在虑及潜在的经济和政治趋势和砂石之柱时这些方法的可取性。其后转向前文所述的其他的改革方向，并通过提出将会发生什么的问题进行归纳——在一个党派偏见遍布以及政治家的言论驱动政策制定的时代，这个问题取决于美国政治体制是否仍能有效运作，正如其对属于当前公司税范围内所产生的任何影响那样。

# 目 录

## 第一部分 概 述

**第一章 公司税法何以存在?** 　　3
　　美国公司税法体系的构成要素 　　3
　　为什么要对公司征税? 　　9
　　为什么对股东征税? 　　14
　　为什么将债权与股权区别对待? 　　17
　　为什么会双重课税? 　　18

**第二章 公司税法的效率问题** 　　22
　　四种公司税偏好,以及二元选择
　　　　与有效选择 　　24
　　公司实体对非公司实体 　　25
　　债权融资与股权融资 　　29
　　分配还是保留利润 　　32
　　分配的形式 　　35

**第三章 公司税制结构的砂石之柱** 　　37
　　建筑在砂石之柱基础上的税收 　　37
　　区别公司和非公司实体 　　38
　　股权和债权的区别 　　42
　　趋向税收待遇有效选择的重要性 　　46

# CONTENTS 目 录

## 第二部分　公司税收的经济原理

| | |
|---|---|
| 第四章　"老哈伯格"与"新哈伯格"的对比及公司税收的影响范围 | 51 |
| 　理解影响范围 | 51 |
| 　公司税收影响的"老哈伯格"观点 | 55 |
| 　公司税影响的"新哈伯格"观点 | 60 |
| 　美国公司税的长期税负是否具有累进性会产生不同结果吗？ | 63 |
| 第五章　红利税的新老观点对比 | 66 |
| 　新观点是什么，何以重要？ | 66 |
| 　公开新观点模型的实证检验 | 74 |
| 　公司分红重要么？ | 76 |
| 　公司课税新旧观点争论的涵义及其可能的改革 | 79 |
| 第六章　债权与股权：折中理论与米勒均衡 | 80 |
| 　资本结构与莫迪哥里阿尼—米勒定理 | 80 |
| 　从 MM 定理到折中理论 | 82 |
| 　米勒均衡 | 85 |
| 　米勒均衡与税收政策 | 88 |

# CONTENTS 目 录

## 第三部分 内 容

### 第七章 美国国际税收规则基础 … 93
美国国际税收的多重要素 … 93
为什么以居住地为基础对全球所得课税？ … 100
为什么允许延迟外国子公司的国外所得？ … 102
为什么对 F 子条款所得征税？ … 103
为什么基于来源地主义课税？ … 104
为什么提供(限制)税收抵免？ … 105

### 第八章 国际税收政策两难 … 107
清晰框架的缺失 … 107
国际税收政策及全球福利 … 109
单方国家视角 … 115
美国国际税收政策正在持续的两难问题 … 123

## 第四部分 公司税走向何方？

### 第九章 正在出现的崭新世界 … 127
持续的金融创新 … 127
提高全球资金流动性 … 129
美国政治动因的可能变化 … 131

## CONTENTS 目 录

**第十章 公司一体化**    136
    哪些问题可以用公司一体化来解决？    136
    为何公司一体化并非易事？    137
    公司一体化的主要方式    142
    我们应该做什么（哪怕是任何事情）？    148

**第十一章 美国公司税其他可能的新方向**    150
    大幅度地降低美国公司税率    150
    简化美国国际税收    154
    公司治理和合法避税手段    156
    一个令人沮丧的方案    160
    一个好莱坞式的结局？    162

**参考文献**    165

# 第一部分　概　　述

现实中并不存在柏拉图式理想的公司税法。若存在,其含义与内容的抽象核心应是清晰可辨的——当人们提及抽象概念时,就像联想到具体的三角形、红色或者狗等具体形象一样。许多税法概念,诸如应税所得(income),就具有这种清晰可辨的特征。但公司税则不同,它并无一以贯之的核心内容,就像一栋由众多工匠即将完成的半成品粗糙拼凑而成的一栋摇摇欲坠的大厦,公司税法的这种特点对其如何运行和能否良好运作具有重要影响。

在分析公司税法之前,我们必须审视其基本特征与原理。为此,第一章从总体上考察了为什么我们将所有要素组合在一起就构成了目前的美国公司税法。接下来第二章考察了公司税法中各部分单独或结合起来所造成的主要经济扭曲(economic distortions)*,而第三章考察了造成公司税法结构易被操纵并难以理解的几个"砂石之柱"问题(pillars of sand)。

---

\* 译者将 economic distortion 译作经济扭曲,它指个人在最大化自身利益的过程中妨碍了社会福利的增长,结果导致经济无效率。——译者注

# 第一章 公司税法何以存在？

在提出公司税法何以存在的问题之前，必须界定什么是公司税。公司税的定义可分为狭义与广义两种。就狭义而言，可能仅指直接对公司课征的税收。将该定义稍微拓宽点的话，可能还涉及对那些享有公司金融利益的主体课征的税收，比如股权或债权。也可以进一步将公司税的含义拓展至包含对与公司进行交易的任何人的特有的税收对待——例如，受到补助的公司雇员。

只有最广义的定义公正地反映了税法体系对处于或接近经济体中的公司部门的人和活动的影响。若见木不见林则很容易得出关于公司税法整体面貌的短视和不准确的结论。然而与此同时，每一个部分都有其特有的逻辑。因而本章首先描述税法整体体系，然后设法阐明不同构成要素的理论依据，最后阐述当前各种构成要素之间如何相互作用，从而导致至少理论上的公司所得双重课税，其背后的原因何在。

## 美国公司税法体系的构成要素

按照美国联邦所得税法的定义，公司是一种法律实体，要么(1)确实按照美国州法成立(或根据任何外国公司法设立)，(2)拥有可公开交易的所有者权益(ownship interest)[①]，或(3)在某些情况下被归为公司一类。因此，若公司被认定为美国居民(residents)或拥有来源于美国的所得(U.S.-source income)(第七章将讨论该两种概念)，则应按照美国公司税纳税。满足公司的税法定义的美国实体组织通常被称为 C 公司，是因为它所适用的

---

[①] 一个法律实体例如合伙被看作公众交易实体，只要其利息以下两者居其一：(1)在已经建立的证券市场中交易或者(2)按照《美国国内税收法典》第7704(b)条规定，能够容易地在二级市场上交易或者其他同等方式进行交易。按照《美国国内税收法典》第7704(c)的规定，公司作为公众交易实体地位有一个例外，即其总收入的90%来自于"被动收入"，诸如利息、股息和不动产租金。

诸多特殊规定在《国内税收法典》的 C 分章。②

美国公司税率起点较低(年度所得的第一个 5 万美元适用 15% 的税率以及 5 万美元以上的 2 万 5 千美元适用 25% 的税率),但接下来升至 34% 并最终高达(对于 1 千万美元以上的收入)35%。与公司相比,个人所得税率以低得多的所得水平累进,根据当前仍有效力,并直到 2010 年的法令,35% 同样也是个人的最高税率。2010 年以后,当乔治·布什总统任期内的税收减免终止时,除非国会通过新法律延期这些税收减免的规定,否则按计划个人的最高税率将回复到 2001 年以前的 39.6% 的水平。

从历史上看,公司的最高边际税率通常低于个人,有时甚至低很多。这种非正式的调整是基于这样一种事实,即公司所得最终可能在分配给股东时再次被征税(如下文讨论)。成立一个企业另一税收劣势在于若发生损失,其所有权人将无法以其其他所得来折抵损失,而采取其他形式也许可以损益相抵。更有甚者,即使 C 公司目前具有税收优势地位,其长期可取性仍依赖于对公司所有权人的后续税收待遇。

在转向讨论所有者层面之前,需要简要地介绍一下公司层面税收的一些更深层次的内容。最重要的是,在计算可税收入与税负时,公司与个人所采用的规则是相同或相似的。当然,前文提到的 C 章包含大量与公司"生命周期"相关的特殊规则——公司合并、新资产或与其他公司间的各种公司购并、对股东的资产分配以及清算。通常,这些规则允许对当期税收后果的规避,甚至当资产换手可能发生税法体系认定的其他应税销售或交易时,只要资产是由非法人转移进公司实体,或其他公司实体内部完全无害的资产转移,正如某些案例中一家公司合并或分立另一家公司那样。然而当资产从公司转移出去时,受让者一般应缴纳某种税,公司也会被征税。C 章节过于复杂,众多薪酬颇丰的税务律师皓首穷经,并形成一条惯常的审慎规则:若无税务律师在场,重大公司交易不得进行。

这使我们关注公司向其债权人支持款项的税收待遇,比如现金垫付(cash advances)偿还权或公司利润共享权。虽然针对公司的金融求偿权的许多不同工具拥有其独特的规则——例如,期权或名义主合同(notional

---

② 那些拥有少量股东和简单资本构成的公司可以选择不同的纳税方式来代替《美国国内税收法典》第 S 子章节之下的纳税方式,它们包含一套完全不同的向股东而不是向公司征税的规则。

## 第一章 公司税法何以存在？

principal contracts），但存在着债权性工具和股权性工具的基本税法区分。

从概念上看，债务（或债券）指在公司与需要补偿的资本提供第三方（债券持有人或借贷人）之间产生一种（长臂）外部关系（arm's-length relationship）。与此观点相一致的是，债务产生的利息被公司收入扣除而通常计算在接受者的应税收入中（它受到各种针对可疑税收筹划机会的利息禁止规则的限制）。

相比之下，股权（或股票）指公司赋予持有者内部权利或者所有者权益，而不是与外部人协商达成的第三方权益。相应地，对股东的股息分配被理解成为一种公司"想"要从事的事情，而不是由作为资本提供者的第三方所要求的支出。相应地，股息分配也从来不允许税前扣除。然而从股东的立场来看，股息也被视为是一种所得，表明它也是应税收入。

假如股息不能在税前扣除而必须包含在应税收入之中，并被作为是股东的收益分配，股权融资型的公司所得最终会被双重课税。因此，假设公司与股东的税率（包括获取分红时）都是35%。一个利润为100美元的公司税后将留存65美元。一旦65美元作为股息分配给股东，股东在纳税后仅仅留存42.25美元收入。相比之下，股东可通过以下两种方式保留65美元的税后所得（1）不通过公司实体的方式经营，或者（2）采用债务融资，因而允许公司在分配100美元时可以将利息予以扣除消除公司层面的纳税义务。

对于双重征税的忧虑有时也推动着把股息视为完全可税收入的例外立法。早在现代美国联邦所得税肇始的1913年，尽管要缴纳6%的累进附加税，通常缴纳的1%个人所得税并不对股息红利征税。因为当时的公司税税率同正常的个人所得税税率一样为1%，这保证了公司所得实际上仅被课税一次（基本税收加上附加税税率适用于非公司所得）。这种方法一直延续到1936年双重征税真正实施之前（Bank 2003,489—516）。

2003年，当股息税率不得超过15%而非全额的个人税税率征税时，双重征税显著地缩减。根据布什政府最初版本的有关规定，只要潜在的盈利在公司层面已完全课税，股息将完全从个人层面课税中豁免。在最终的立法中，国会废除了此类相关规定，仅降低了股息税税率而非免除股息税。

当一家公司持有另一家公司的股票时,对公司间分红征税可以导致三重而非双重税收。实践中,对多层级公司结构的多重征税可通过扣除公司股东获取的红利加以缓和。然而,除非公司股东拥有(包括通过附属公司)支付红利的公司至少80%的股份,否则红利不会被100%扣除。因此,税收筹划不佳时,盈利随着公司所有权链条累计成收入时会产生实际上的公司多层面征税。

债务与股权间最后一种重要的税收差异在于,为了税收目的,前者的年度利息支付可以有效地加以推测,而不论债务利息是否真实支付。因此,假设你支付100美元从而拥有了一份在两年期满时可获得121美元的公司债券,但两年期满前无任何支付。这暗含着10%的利息率,第一年将产生10美元的利息(尽管未支付)以及第二年11美元的利息。根据原始发行折价(OID)规则,你和公司发行人每年都必须虑及这些应计利息,其中发行人可税前扣除,而对你而言,包括在你的收入项目中,甚至在任何实际支付行为之前。因此,基于税收目的,债券每年自然产生利息增值是不能随意变动的。

相比之下,分红在实际宣布并支付之前则无须考虑税收目的。这意味着对股权所得的第二层次课税至少形式上是可控的。不分配任何股息的话,将不会面临第二层次的纳税。然而,公司若出于规避股东层面税收的禁止性目的,将累积的利润留存并为投资组合提供资金,而不是将其分配或用于经营活动的话,将被课征一种称为累积盈利税(accumulated earnings tax)的惩罚性税种。

即使公司不向股东分红,股东层面的纳税义务也可通过课征出售股票的资本利得税而产生。因此,假设我向一家新公司投资了100美元并赚取了100美元,由于缴纳35美元的公司税而使得获利减少为65美元。若我现在将我的股票以165美元的价格出售(该售价包括我投资的钱加上税后利润),我获得了65美元的资本收益(这是基于我100美元投资成本而实现的超额收益)。[3] 因此,即使公司未向我支付任何股息,事实上我仍负有第

---

[3] 股票份额的基础是股票持有者用以相对于实现销售后计算收入或者损失的基数。因此,假设你的股票基数是10美元,如果你将该股票卖出12美元,则你获取收入2美元;而假如你只卖出9美元,那么你损失了1美元。

二层面的股东纳税义务。目前,美国最高长期资本利得税税率和股息税税率一样,仅为15%,但股东出售股票获益,以及接手的股东获得分红时,纳税人可能必须同时缴纳这两种税。

但只需要一点点耐心,资本利得税也可以被规避。根据美国税法,当你死亡并将财产遗留给继承人时,通常继承人是以遗嘱生效时遗产的公平市场价值为计税依据来继承财产的,即使这超过了被继承人的成本基础(即被继承人为获取股票而支付的原始数额)。因此,如果股票价格仍为165美元,我的孩子在继承股票后,可以该价格出售股票并无需就固有收益(built-in gain)而纳税。

将股票出售看作资本利得对公司分红派息具有重要意义。若你将股票回售给发起公司,则产生资本利得,这和你将股票卖给其他真正的第三方是一样的。因此,能够将公司盈利通过股份回购或回赎(share repurchases or redemptions)而不是分红的方式有效地加以分配,在2003年之前是特别有利的,因为当时的股息税率远高于资本利得税税率。时至今天,股份回购的途径还是吸引人的,因为资本利得仅仅以高于你所让与的股票成本变现的超额数量来衡量,而股息分配则是全额课税。

因此,假设一家公司拥有两名股东,每个股东分别以10美元的成本获得10股。若公司向每个股东分配15美元的股息,那么每名股东获得15美元的红利收入。相比之下,若公司向每名股东以每股15美元的价格回购1股——假定此时(与事实相反地)的交易形式即为股份回购——那么每个股东只获得5美元的资本利得收入(变现的15美元超过购买股份时的10美元成本的数额)。

尽管美国公司税收体制认可股份回购与股息的区别,但并非自动认可纳税人所认定的交易性质。即使纳税人采用股份回购的形式,也将被以股息的形式课税,除非其满足《美国国内税收法典》第302条四个具体成文法条件中的任何一条。这些条件要求审查整个股份回购比例的程度,看该交易是否能有效改变股东的利益比例从而可以被看作是"真实的"回购。在上文的例子中,两名股东都以15美元的价格只出让了10股中的1股,则该税收筹划计划将不可能成功,股东仍被视为获得了15美元的红利。相较而言,若股东之一以30美元的价格出售2股而另一股东未出售任何股份,普通股的比率将变为10比8,这有可能规避税法上的股息税。

如果出现过于明显的对称性的股东间交易(tendering shareholders),尽管这些交易形式上构成股份回购,也会被当成分配红利来征税,当然也会出现貌似分红却被当做股份回购来征税的情况。只有分红是来源于公司的盈利(下文简称盈利)时才会被作为分红课税。否则分红会被视为股本的回报,从而降低了股东的股票成本并当成本一旦降低为零时产生资本利得。

此处的基本理念可从直观上作如下解释。假设第一天你设立一家新公司,全部股份一共支付了100美元。第二天,在公司实际营运之前,你觉得事实上仅需要80美元就可以完成你的商业计划,所以你抽回20美元。从概念上讲,最好认定这仅仅是你抽回一部分投资,而非提取的公司利润(事实上还不存在),因此只可视为你将股本减少至80美元,而非可予征税的红利。

然而实践中,按分红课税的公司盈利前提通常并不重要,至少对公开上市的大公司来说尤其如此。这些公司已经经营多年,且多年以来已积累了足够的盈利,不太可能在近期内耗尽。因此,只要公司还有任何剩余盈利,不管是历年来(自美国联邦所得税创始的1913年)还是当前的纳税年度的盈利,向股东(包括通过过度对称的股份回购)的分配都被视为来源于盈利,进而被认定为是红利。

公司税制的另一个独特因素涉及对公司雇员薪酬的支付,特别是对那些公司大股东或高级执行官的薪酬支付。老板式雇员(owner-emplyees),若想从公司抽取资金,可能热衷于主张分配到的是薪水而不是分红,以便于公司能够在税前扣除。④ 基于此,只有那些"合理的报酬"能够由公司予以扣除,而由雇员股东获取的任何"不合理的"超额报酬都可能被视为分红。

然而,对C类公司"不合理"的超低报酬却缺乏一般性可执行的对称性规则。因此,假设你不为你的高价值服务向你全资拥有的C公司索取报酬,

---

④ 近来为股息红利设立了15%的税率减少了分配股息红利的行为但并未消除该行为。假如你在35%的税率档次上完全拥有公司100美元的扣除,你将其包含在该税率的税基之内,净纳税是零。你的35美元的个人所得税义务被公司35美元的节税措施抵销了。相反,在分配股息红利的情况下,你将支付15美元税收而公司不享有任何节税利益。

若你的边际税率高于公司的边际税率,这也许是一个良好的税收筹划,因为如果你索取报酬,那时所包含的税收项目将会超过公司扣除所节约的税收。税法有时会对某些未被发现的交易推定其"真实"发生并进行估算。此时,估算型交易(imputed transaction)可能包括将正常交易原则认定的工资支付之后对公司再投资视为向公司注入新资本。但通常人们并不这么做,这有助于公司税收潜在地有利于那些个人所得税税率高于同期适用的公司税率的人。⑤

另外还有一条适用于上市公司高层管理人员的高管报酬特别规则。自从上个世纪90年代早期以来,当关于美国公司高管获得巨额薪水的故事刚开始吸引广泛的注意时,上市公司对于最高管理层人员薪水支付的税前扣除被限制为每年100万美元。实际上公司纳税增加,本来是出于对公司高管利用优势地位过分坐享高薪的担心,但却使得股东遭受到惩罚。然而,税前扣除限制不适用于以业绩为衡量基础的薪酬支付,比如用公布的盈利或股价来决定高管的薪酬。百万美元的限制因此被认为是荒诞的且很容易规避。更有甚者,该规则显然将激励某些公司将高管的现金薪酬增至一百万美元,认为这是公认的薪酬基准水平薪酬,并且这也导致了更广泛地运用股票期权的行为,这也被指责为安然时代公司治理丑闻的原因之一。

## 为什么要对公司征税?

公司同时身兼两种相异的特性。其一,公司是一种法律实体,是法律上所认定的出于各种目的而独立于其所有者的法人。一家公司可能实际上很难像个人事宜那样被其所有人完全控制,因为公司的控制权至少会被正式地授予给仅由公司所有人通过行使投票权定期选举的董事会成员(及其辖下,公司管理层)。其二,公司也可适当地被视为仅仅是所有人的集合,他们创造的就是公司本身。

**法人实体说与所有人集合说**

从某种角度来说,只有公司的所有人是实际存在的。不管是不是法人,

---

⑤ 然而鉴于社会保险和医疗保险来源于薪酬税,S公司要向所有者雇员支付合理报酬。

公司本身不可能(像自然人那样)拥有诸如快乐或痛苦这样的感觉,而且只能通过雇员或所有者这样的自然人来代理行为或决策。然而其作为一个独立的法律实体也具有现实的重要性,包括其本身可能产生的事物的状态,就像其他各种社会机构一样,具有某种内在的特征,其不断地历史演进轨迹也并非轻易可以改变。因此,除非我们想用来解说一个错误的结论,比如公司能够自身承担税负,就好像它具有感知痛苦和快乐的能力一样,否则,将公司视为一个单独的实体而非其所有人之集合是没有意义的,要么是谬之千里要么是故弄玄虚。

在公司税的日常操作中,实体说与所有人集合说在不同的语境中都有运用,取决于具体运用时哪一种更方便。例如,股东分红的课税适用实体说,因为股东不会仅因为刚刚从其银行账户中提取现金就被征税。而不均衡的股份回购中则采用公司所有人集合说来判断征税与否,这显示出对谁拥有公司的多大比例的股份之重要性的实际重视。

1909年,当现代美国公司所得税首先适用时——最初是作为对以公司形式进行商业交易所征收的一种消费税(excise tax),因为联邦所得税制直到1913年才是合宪的——实体说与公司所有人集合说似乎都对法规的制定产生了影响(Avi-Yonah 2004),尽管后者明显影响更甚。其背后的推动在于无法直接而只能间接地对股东按其从公司所得中获取的份额征税,而不是为回应大型公司在接下来的数十年里发展为强有力的社会与经济行为人来创造一种新型规制杠杆(Bank 2007)。至今,实体说与公司所有人集合说都继续在为公司层面的税收——一些是具有说服力的,而另一些则不合逻辑——提供重要的支撑基础。

### 实体说基础上公司层面征税理由

在公司层面课征税收在管理上的逻辑毋庸置疑,任何合理的、普遍适用的税收体制中,其至少都被慎重考虑过。所得税毫无疑问都是主要基于现实可察的经济交易,比如货物买卖与服务贸易。在此背景下,公司在公司间相互交易以及与消费者交易中的主导型地位是显而易见的。公司定期处理巨额的现金流,设有内部记账制度且习惯与政府部门打交道。正如 Ricard Bird(1996,10)所言,Willie Sutton 抢劫银行的理由是——"因为那是钱的所在之处"——很明显适用于公司。因此在公司税制的运行机制中,公司很自然(若非完全无法避免的话)应该是其中的重要角色。公司不仅仅像在美国的所得税体制中那样是纳税人,而且在世界各地的增值税、销售税与财产税中也通常是纳税人。

然而,行政便利并不必然成为公司实体层面征税的唯一理由。还有两个更深入的理由,一个逻辑上可以自圆其说,另一个虽然广为人知却在逻辑上难以成立。逻辑上较为圆满的理由与众所周知的在许多大型公司中所有权与控制权的分离相关(Berle 与 Means 1932)。若公司经营者享有很大的自主权按其喜好来处置公司的资产,且能避开股东的密切检查与控制,那么在公司经营者控制的层面进行征税则言之有理。例如,若试图通过税收体制影响商业行为,至关重要的是对实际行为者产生影响,即便他们表面上不过是其他人的管家。

其二,但与逻辑不合的是,当我们看到著名公司经营着许多重大的业务时(尽管是通过自然人来代理),很自然地会将其人格化,会将其设想为实际上是可以承担税负的人,而不仅仅只是法人。倾向于作此思考的不限于少数的无知者或轻率的观察者。因此,《纽约时报》会时不时地以诸如"公司税收在降低而个人的税负在上升"这样的标题作为头条新闻——就好像税负可以真的由无生命的法律构造物来承受一样。⑥ 与此相类似的还有,经济学家阿兰·奥尔巴赫(Alan Auerbach)讲述过其担任美国国会税务联合委员会的副主任(deputy chief of staff of the U. S. Congress's Joint Committee on Taxation)时发生的故事,众议院筹款委员会(House Ways and Means Congress's Committee)当时正在召开闭门会议,商议增加公司税,共和党对此表示反对,而民主党对此则态度较为支持。

"算了吧",一名共和党人反对道,"谁不知道公司税负真正的承担者是个人"。

"呃",一名民主党人——委员会中一名杰出的成员,公众普遍认为他是一个理性且见多识广的人——回应道,"正如我们在大学时代的经济学课堂

---

⑥ "Corporations' Taxes Are Falling Even as Individuals' Burden Rises," *New York Times*, A-1, February 20, 2000.

上学到的那样,只有从长期来看才是这样的"。⑦

民主党国会议员很显然混淆了两个基本的经济学概念。相关的一个概念是若某种税影响了某人的福利而成其为一种负担,这就意味着其仅可以由人或者其他有知觉的生命体承受(不管短期还是长期)。另一种关于公司层面征税的理由,我将在本书的第4章中予以考察,它指名义上向某一类人课征的税负可能转移并最终转由另一类人来承担。虽然这种税负移转过程可能需要花些时间,但是税负由无生命的实体转移给有生命的人必然是即时的。我们不能说在税负最终转移到我们自身之前是由我们的银行账户承担的。

考虑到将公司人格化的倾向性,许多人可能认为无法对公司直接征税犯了一个大错,即便私人之间真正的税负发生也是完全正确的。甚至在选民所理解的公司税必然会在某类人群的范围内由其承受这种程度时,但究竟是对谁征税的模糊性可能具有政治上的优势。例如,美国于1986年通过开展一种彻底的税制改革而震惊国民时,使立法具有可行性的关键在于其将整体上的税收中性与从顶端到底层范围内每一个收入群体的减税联系了起来。这怎么可能?答案是1986年的税收改革将名义上的或直接的税负从个人转移给公司,因此使人觉得这是一种税收中性的全面减税形象,因为公司税收的增加并未归属于官方表格中的任何人。

这种公司层面税收归属的模糊性,由于其并未由任何个人直接承担,即使不是试图推行颠覆性改革也可能具有深远的政治重要性(重大的税收改革会因取消税收优惠而导致愤怒的受损者)。参议员拉塞尔·朗(Russell Long)过去常常说,税收立法的首要规则是:"不对你征税,不对我征税,对躲在树后面的家伙征税",意指最好避免让任何人觉得税负实际上由他们自己承担。公司层面的税收,不论该政策本身是好是坏,如果其他措施是对某些选民直接并明确地征收更多的税收时,公司层面的税收作为一种政治上的选择是很难被忽视的。

**公司所有人集合说基础上公司层面征税理由**

采取公司所有人集合的观点且将公司视为不过是其股东的代理人,表

---

⑦ 个人交流,Alan Auerbach。

明对公司征税的唯一理由是间接地触及股东。然而,就算仅从此立场来看,公司层面的税收也具有潜在的吸引力。将公司实体视为一种集合型载体,集中了税收的管理而且仅需单一的纳税申报人。这也避免了决定公司收入应如何在股东之间进行分配的麻烦。这些优点可能大大超过其消极影响,也即公司层面的税收妨碍了对每个股东按其个人准确的边际税率征税。相反,公司所有的收入都必须按照特定的税率予以征税(至少应当首先征税)。

所得税与消费税不同,在公司层面当其获利时对所得进行征税具有更进一步的理由。"所得"的著名定义是纳税人的消费加上其净值的变化(Simons 1938,50)。若其他条件不变,若你持有股票的公司赚钱了,股价上升那么你的净值也增加。在消费税中,净值的变化是在税基等式之外,只有收回盈利的份额并将其消费时才被征税。然而,所得税若是运行恰当的话,对你增长的净值不应延迟征税。当所得仍在公司中时不纳税,从所得税的立场看这是一种合法避税——实质上是一种借助公司实体设立了一个无限期免税的储蓄账户。

而且,1920年著名的Eisner诉Macomber税收案中,美国联邦最高法院认为在股东实际获取公司盈利之前,比如通过收取现金分红,对这些盈利进行征税是不合宪的。Eisner诉Macomber一案是否仍然在宪法上成立并不明确,但不管怎样,对股东就未分配的公司利润征税,无论在政治上还是管理都存在着难以克服的困难。若一个设计合理的所得税制需要在当期税基的基础上对公司盈利征税,那么公司层面的税收则是最好的选择或者甚至是唯一的选择,如此一来,公司层面课税则成为必须为之的了。

即使偏向于在实体层面征收公司税,公司所得的累进边际税率结构(包括15%以及对第一个75,000美元的所得25%的比率)却没有任何意义。自然人的逐级边际税率旨在反映个人之间的实实在在的差别,比如同样支付一美元的税对穷人所带来的负担是远远高于富人的。然而,在公司层面分等级的税率对于贫富带来分配效应几乎没有什么影响,因为征税的基础是公司的净所得而非其所有者的净所得。另外,公司累进税率也需要明确的规则来判定纳税人是否通过将本来单一的企业分为多个子公司而滥用公司税率。

## 为什么对股东征税？

对分红征税与对出售股票的资本收益征税是股东所面临的两种不同的税种,二者在概念上很显然相互联系。毕竟,决定以何价格出售的股票市场价值,一般应取决于其预期可产生的现金流当期价值,其来源主要有三种:即所获得的分红,将股票出售给其后可以获得分红的其他人,或者是公司清算时获得的公司资产份额。即便如此,由于分红和资本利得在实践中和概念上所产生的某些具体问题——这些问题与股东资本利得税密切相关,我们仍需分开讨论分红和资本利得问题。

### 红利税

对股东就其获取的股息红利征税主要基于以下三方面原因。一个糟糕的但却具有重要的政治意义的理由在于,人们易于遗忘公司层面的税收。若我从拥有一些股份的诸如通用电气(General Electric)这样的大公司获得分红的话,它看起来可能与所得没什么差别。一家我无法控制与影响的远在异地的大型公司给我邮寄一张支票,我把它存放于我自己的银行账户,显然我获益了。即使股价下跌——正如股息实际支付时人们预期的那样,并因而与原先持有的股票再无牵连——出于当前所得税的目的,我们早已习惯对诸如股票这样的未出售资产的价格波动视而不见。通用电气已为潜在利润纳税的事实容易被忽视,甚至它可能早已被人们抛诸脑后。

其二,对分红征税更具有说服力的理由与我们实际享有的公司层面的税收相关。众所周知,税收优惠(tax prefereces)与税负规避筹划(tax-shelter-planning)无处不在,老实说,我们又能对在公司层面征收到足够的税收抱多大期待呢?举例来说,若你看通用电气公布的收入报告,你将发现,年复一年地,该账务报道中支付的联邦所得税款不足其声明的财会收入的20%。当公司向股东报告的收入比国内税收管理局申报的多时,自然产生账面税金的缺口,这实为税收规避的铁证,当然也是账务会计的一种操纵手段(Shaviro 2007b)。如果公司实体层面的税收存在漏洞,那么,尽管第一选择可能是完善这一税收漏洞,但在完善之前,保留股东层面的税收(甚至作为永久性税种，若实体层面的公司税种在政治上或行政管理上无法得以修正），是一个可行的退而求其次的办法。

最后一个理由是，就像我下文将进一步讨论的那样，主张红利税实际上就是支持股权融资型公司所得双重征税。如果无法仅以股票增值为限对股东征税，不管出于何种原因主张双重征税，理论上股息红利税是必要的。

**资本利得税**

对股东的资本利得征税与对股息征税概念上差异明显，2003 年布什政府的提案仅对后者免税，也说明了这一点。为了防止公司在公司盈利累积时仅仅为抑制股价上升到股东股份的税基时而支付红利，该提案本可以允许公司进行认定的股息分配——报告免税的虚拟交易来支付红利，然后由股东重新投资回股票。但只要股价上升时，这种协调方案都无法防止股东获得需要纳税的资本利得——例如，由于对公司利润前景的乐观态度而导致股价上升也是如此。由此，就该提案而言，公司一体化税收提案并不能完全消除股东层面税收。

人们对消除股东资本利得税疑虑重重，哪怕取消的是红利税也会带来对资本利得税的担心，其背后的原因主要有两方面。一方面，对出售增值资产所获得的任何资本利得都征税存在漏洞，会被利用。因此，假设某人打算出售一栋近来价值翻番的建筑物。以该建筑物设立公司，出售新建公司的股份而非建筑物本身，转眼间——如果出售公司股票普遍免税的话，就可以成功规避出售建筑物的任何当期税收，很显然，国会可以通过试图起草反避税规则来应对此类操纵性行为，但这些规则肯定复杂且不完美。因此继续对股东资本利得课税就是一个可行性替代解决方案。

其次，还有一种理论认为，即使所持有的是"真实的"公司股份而且在公司实体层面已经全额征税，在某些情况下也有理由对股东资本利得征税。要理解这一点，我们可以先退一步想想，为什么投资者即便没有预期公司分红，也宁愿持有股票。以微软为例，直到最近它才宣布不分红派息的政策，但是其股票仍然是相当有效益的合理投资。持有微软股票的一个理由是，即使不分红，也可从非常长远的角度来考虑，当微软可能清算时也有巨额现金作为不菲的回报。当然，将股票出售给另一个投资者，该投资者又可以将股票脱手给另一个指望能够再次出售股票的投资者(只要微软经营运作良好),也完全是合理可能的。

除了如微软这类真正盈利的公司股票之外,前述投资理论的推论就是所谓的搏傻理论(the Great Fool Theory)。该理论认为花大价钱购买一个最终可能倒闭的公司股票的人并不是一个笨蛋,只要他/她可以找到一个愿意比你支付更多钱购买该股票的更大笨蛋就行。如此推导下去,更大的笨蛋希望同样的事情发生在自己身上,也指望找到比他更笨的人。

当然,所有这些人实际上并不是真正的笨蛋,尤其是公司的经营模型是否健全很难有什么具体的原因。经济学家约翰·梅纳德·凯恩斯(1964,156)为下面的公司股票交易实践中的个人理性(若从社会角度看表现离奇)给出了如下著名的描述:

> 职业投资可以比喻成那些报纸上的选美竞赛,参赛者必须从一百幅照片中挑选出六个最漂亮的面孔,谁的选择与参赛者整体的平均偏好最接近者会获奖;所以每一个参赛者都不选他自己认为最漂亮的,而选那些他认为最有可能吸引其他参赛者的照片,这样一来所有人都以相同的观点来看待这一问题。这不是根据个人的最佳判断来选择真正最漂亮的脸孔,甚至也达不到那些普通平均水平真正认为最漂亮的观点。我们得到的是等而下之,即费尽心力去预料平均水准所期望的那种平均观点。

在股价"选美"过程中,尽管思考其他人认为别人会怎么想是理性的,但想这样就有条不紊地赚钱却非理智。数以千计的短线交易员在本世纪初期美国股市达到顶峰停止上升时教训深刻。当然,通过股票交易也可以持续地赚钱,并经常会产生超过普通回报率的股东层面的资本利得。对精于此道的人而言,关键是投入时间和精力,在股票基础价值(甚或瞬时价值)的相关信息被广泛传播而影响到股价之前就获取它们并加以分析。

内幕交易就是一种潜在的有利可图的,尽管是非法的,却可以通过个人努力获取股票交易利润的方法。然而,也许有人仅仅运用公开获取的信息也能如此,但这取决于市场价格传递和吸收此类信息迅速和效率程度。若你的分析技巧高超,让你比任何一个人都可以早五分钟意识到微软的股票被高估或低估并能够足够迅速地交易的话,那么你在这个短暂时点上的独特理解能力就能帮你赚到大钱。是否有人能够真正一直这么干下去还很难说。当然,各种对冲基金经理已成功地说服富有的投资者给予他们几百万美元报酬,这正是基于他们具备这种能力。

即使假定公司税制运行良好,此类对冲基金经理人创造的资本利得也反映出:有些经济活动获得的报酬并没有在公司层面征税。公司税基涉及公司的实际盈利,与成功预测公司盈利或其他导致股价变动的原因是迥然不同的。[8] 若这种通过股价变动获得收益的行为越来越显著,那么所有的股东资本利得不得免税就具有了真正的政策性理由,即使主张公司盈利仅征一种税且在实体层面收税,也难以反驳开征资本利得税。[9]

## 为什么将债权与股权区别对待?

如前文所见,利息与股息在以下方面被区别对待(1)公司层面的可抵扣性,(2)接受者的税率,以及(3)若没有现金交付,该支付是否被计算在内。区别对待债务与股权是基于合理的税收政策因素,然而,由此所导致的在公司融资结构中税收的差别待遇却几乎没有直接的理由。区别对待债权与股权与其说是税收政策制定者的刻意追求的目标,不如说是行政管理考虑以及对某些税收概念的明显内在逻辑的盲目应用。

如前文提到,股东整体被概念化为公司的他我,向股东的支付在税收逻辑上是不能予以扣除的,然而债券持有人被界定为要求得到合理补偿的真实的第三方。第 3 章将表明,按照这一理解,有时候根本无法解读现代世界公司巨额融资。但如果接受这种概念区分,它提供了一种在公司层面区别对待两种融资工具的形式上的税收逻辑,这有别于任何经济或政治逻辑。

---

[8] 因此,考虑到私募基金经理,可能看上去更像对冲基金经理,他们用另外一种方法通过买卖公司股票(试图)实现巨额资本收益。概念之间的差异——虽然经常,在实践中,同一人可能从事两种行为——在于私人股权实现包含干预公司经营使他们实现更大的利润。从理论上讲,即使对私募基金经理的报酬免税,他们的基金创造的价值也完全符合功能完全的公司层面纳税条件,除非增加的价值来源于减少的公司税收。

[9] 从理论上看,这些争论不仅发生在股息红利征税问题上,而且同样发生在股东的资本利得税上。如果人们在市场之前预测到某个公司将会更加赚钱,因而开始支付更多的股息红利,那么分析的结果同样是这样。在实践中,许多希望战胜市场的行为就呈现出要求销售股权的方式来更多地实现价值。

那么，为什么不对公司可抵扣程度，还有股东层面不精确冲销更多的优惠待遇予以限制呢？换句话说，为什么不估算尚未支付的股息呢，至少不会低于利息吧？如此一来，可能会使在公司层面本来就税收待遇较差的股权在收益上更加不确定。然而，这也是因为在税法中一般性地区分了固定回报与或然性收益，其背后存在着截然不同的行政管理动机（Warren 1993）。通常，相对固定的收益根据每年到期收益率（yield-to-maturity basis），按照每一原发折扣债券（per the treatment of OID bonds）对待，而对或然性收益的征税依据是观望税基（wait-and-see basis），因此允许递延税收优惠直到该收益得以实现。

固定利率的债券到期时的价值是确定的，因此若我们忽略两个重要的考虑因素，债券每年的价值都是确定可知的，这两个因素是：发行人违约风险的变化以及利息率的变化（若利息率上升，固定收益率的债券易于贬值，反之则增值）。相比之下，股票的回报相对而言是难以预测的。因此税法的这种区别对待，它允许估算未支付的利息，对未支付的股息却不得估算。

一旦可预测的利息与不可预测的股息间的差别变成法律，这种差别在实践中的运用就远远超出了最初的理由。近年来已出现越来越多地运用或有债权工具（contingent-debt instruments），即其偿付依赖于尚未可知的事件。面对或有债权是否应像固定收益债券或类似不可预测的股票收益那样来对待的问题，财政部决定，实质上，债务始终是债务，并因此为不断增长的或有利息的税收扣除与包含项目制定了规则，尽管也承认其最终数量是不确定性的。这一方面强化了既存的债权—股权在法律上的区别，另一方面同时也削弱了区分二者的显而易见的原因。

## 为什么会双重课税？

也许现实中并非总是如此，但至少表面看来，税法选择对股权融资型的公司所得实行双重征税。这种歧视待遇的原因何在？目前为止，所有分析都强调了不同层面上原因，这些原因加在一起导致了双重征税，但这不同于从整体上进行分析。尽管如此，从部分到整体的分析也并非没人注意到，在过去数十年来已引起了广泛的讨论。因此，人们看到了双重征税起源过程中的偶然因素,保留双重课税只能是有意为之。

事实上,不需要特别引申,双重征税的政治起源也清晰可见。同样,在1936年之前,对股息仅须征收附着于个人所得的附加税,并非常规的税收,其效果就是保证潜在的公司所得仅被征税一次。若你对美国历史有一点了解的话,就很容易猜测1936年发生了什么。大萧条期间的股价下跌,1936年几乎是平民主义者对富人最具敌意的时期,人们呼吁增加财富的再分配。因此采纳全额双重征税反映了那个时代"对富人征收重税"(soak the rich)的政治立场。

但事实上,这种看似合乎逻辑的猜测只不过表明不求甚解是一件多么危险的事。其实公司经理人才是推动转向完全的双重征税的人(Bank 2003,514—515)。为了避免向股东分配股息的压力(这会减少其自主决定的自由现金流),他们成功地促使国会于1936年以对股息的完全征税代替未分配利润的额外税收。自此,公司经理人对于公司一体化明显缺乏热情,而偏爱为公司税收优惠游说,比如加速折旧(Arlen 和 Weiss 1995)。甚至在2003年,他们对布什政府公司一体化征税提案的支持也是微乎其微。

如斯蒂文·班克(Steven Bank 2005,153)所表明,"即使我们从头开始,也很少有评论家建议我们应有意识地采纳该议案并最大程度地公开劝告双重征税的终止"。然而,由于双重征税业已存在,或者由于改进双重征税的措施难以实施,这些观点也主张保留现有体制。

税收损失。尽管税收筹划可以规避双重征税,当前的税收体制仍然是增加财政收入的。因此在2003年,布什政府免除股息的最初提案估计会导致10年3830亿美元的财政收入损失(Burman 2003,753)。像其他许多国家一样,美国面临着长期的财政缺口,财政收入不足以支付规划项目开支(Shaviro 2007a,7)。若简单地取消双重征税而不进行融资(比如补偿性的税收增长或开支缩减),对财政缺口的影响可能会完全超过预期的效率收益。尽管不是反对用全面融资弥补取消双重征税,但政府融资不可避免地使取消双重课税更富有争议并会遭受到政治上的困境。

累进性。如第4章显示,双重课税的影响范围——在经济学术语中谁将真正承担税负——是富有争议的。然而,若取消它将会降低财政体制的累进性,那么任何赞同至少保持该体制现今同样的累进性的人必须考虑此时政治上将会引发什么。因此可以基于以下任何两种时间框架中的一种来为保留双重课税辩护。短期的论点认为在现行政治环境下不可能近期内出现类似的、替代双重课税的累进性工具。长期的论点可能认为双重课税增加了整体累进性水平的政治可行性,其背后的原因正是由于其隐蔽性以及试图为不向股东分配自由现金的公司经理们的支持。然而,这些论点的潜在假设在于双重征税确实是累进性的。

取消双征课税对股东带来的意外收益。亚当·斯密(Adam Smith 1976,457)曾有名言,唯旧税乃良税。一些分析人士,比如经济学家马丁·费尔德斯坦(Martin feldstein 1976),也曾作了类似的论断,一种坏税种规则一旦得以确立,对其保留也有正当理由,即依之行事的人不应受到不利影响。因此,即便房主抵押利息支付税前扣除的做法一开始就不应该实施,但取消它将会对现有的房屋所有人不公平,这种不可预期的取消可能会使其遭受房屋价值意外下跌的损失。⑩ 取消双重征税可以说给现有股东带来一种意外获益的预期,这些股东之前的投资预期可能完全不同,但却得到了免税的分红。如果缺乏一种设计足够精良的方法限制新股权的过渡期收益(American Law Institute 1989,92),这种考量也会使人反对取消双重征税。

对公司税基缺口的间接回应。不考虑从双重征税到一体化税制过渡期问题,既使公司单一税制是合理的,但股东层面税收也是一个有用的兜底措施,可以弥补在实体层面第一轮未能征收足够的公司层面税收的缺口。例如,假设被盈利的公司用公司避税手段来避免就其所得缴纳税收,由于行政管理问题或者由于缺少政治意愿,这种公司作为避税途径的作法难以被有效地削减。那么股东层面的税收,尽管仍然扭曲公司融资的方式与分配的决策,在间接消除有利于公司投资的整体偏见上仍是具有吸引力的。

前述观点用老百姓的话来说就是负负得正。经济分析为其贴上了更有启发意味的标签——"次优理论",据此理论,其价值取决于第二个错误对第一个错误扭曲效应的抵销在实践中是否超过了其创造新扭曲效应。

租金的课税。以日常用语来说,租金就是你每月支付给房东的金钱。然而,经济学家用此术语来指称"向资源提供者支付超过运用资源的必要

---

⑩ 然而,我在Shaviro(2000)这本书中考虑并主要反对这一关于转型过渡不公平的论述。

量"(格鲁伯 Gruber 2007,205)。以迈克尔·乔丹为例,当时他凭打篮球每年赚取 3000 万美元,但他如果花同样的时间从事其他任何工作一年却赚不到 10 万美元。乔丹通过打篮球可以挣到超过其从事其他任何事情而超额赚取的 2990 万美元具有重要的税收政策意义。如果他真的从事了其他任何一个支付其最高报酬的工作,即使我们可以将所有这些额外的回报都以税收的方式划走(如果极端地说,仅仅留给他一美分),他仍将以打篮球为业而不是从事其他职业。那么再高的税收也不会因此导致行为的经济扭曲,这与通常我们预期的结果背道而驰。

大型企业的典型形式是设立公司,通常偏好采用租金方式。例如,麦当劳可以以一个不错的价格出售油炸肉块(与直接的生产成本相关),因为消费者觉得他们的胃在咕哝作响并在看到熟悉的金色拱形门时会情不自禁地去摸钱包。⑪ 双重征税功能就是向租金征税,否则不会面临比正常税率更高的税率,这也是其效率合理性之所在。然而,双重征税的制定与范围似乎与租金的识别并无密切联系,并且双重征税也扭曲了各种的商业决策(正如我们将在第 2 章中可见),即使它对租金自身并无扭曲性影响。因此,基于租金而双重征税的观点,就像前文所述的那些,需要假定其他更好的替代性措施在政治上或行政管理上难以成立。

\* \* \* \* \*

公司税的每一个部分都有良好的理论基础。如果分开考虑,公司层面与股东层面的税收可能都言之成理,一个理想的体制要同时具有这两种要素。然而若重新开始,为当前的整个公司税制进行辩护将会极其困难。只有当影响公司税制变革的政治上和行政上的约束恰到好处时,保留现有的公司税制才似乎是可取的。

---

⑪ 考虑到来自贸易对手投资金钱创造商品名称并一定会有后期投入的竞争压力,麦克唐纳是否真正喜欢租金是可以争辩的。

# 第二章　公司税法的效率问题

公司税由于双重征税因而有时是不公正的。然而,这种情况很难抉择。公司股东是在知悉双重征税情况下投资的。如果假设他们预计不能获得最优的税后利润就不会投资。因而抱怨双重征税最好的理由是它会扭曲纳税人的经济行为并由此引起不效率。或者,既然所有现实社会中税收都有效率成本,公司税所引起的无效率无需用专断的扭曲政策强加于我们随后从事的行为之上。然而,在探索特别法案之前,让我们简要地回顾一下在税收政策与其重要原因方面不效率的内涵。

假如税法唯一的目标在于避免所有的无效率性,我们可以用征收大额税款、或者用使得纳税人的行为不影响他/她义务的方式达到政府财政收入需要。征收大额税款的经典方式是征收统一人头税,即每人交纳统一数额的税款。因此,假设美国政府每年花费 25 万亿美元于 3 亿多人民身上,那么只用简单地向每人征收 8,000 美元来代替所有现存联邦税收。撇开实际上不可能向没能力缴税的人征收这一问题以外——如果经济学家仅关注效率,从反事实的角度看,这也只是经济学家的梦想而已。

人头税对于财产分配来说极端令人反感,因为它忽视了纳税负担能力。比尔·盖茨与无家可归的人负担同样的税赋,它的效率价值真实存在,然而——即使不具备十分充分的理由使人们渴望采用人头税——考虑到其他更现实的权衡因素,效率通常能占领上风。

忽视统一人头税的遵从和管理成本(它必定很低),最大的好处是它向每个人征收的税赋——8,000 美元——正好等于政府的财政收益。没有浪费,从纳税人损害的意义上来讲,简单地代表一个人的损失不用另一个人的利益来补偿。也许政府会浪费更多的金钱征收税款,但那是财政支出政策,而不是税收政策问题。

纳税人不受任何损失的原因是,基于他们实际支付 8,000 美元的人头税,统一人头税不会影响纳税人的边际行为动机或者采取减少税收义务的

第二章　公司税法的效率问题

行为方式。当然,在不存在人头税情况下,这并非表示纳税人会采取一样的行为决策。假设你家有一对夫妇和两个孩子,意味着你的家庭必须支付32,000美元的人头税。你们夫妇一定会选择比没有该赋税时更多地工作。而这将减轻而不是提高你负担的税赋,否则你不会这样作出决策。

现在让我考虑依据诸如收入、消费那样按纳税负担能力纳税的税收方法,那么比尔·盖茨要缴纳比你更多税赋,并向你征收比无家可归的人更多的税赋。当这些方式从平衡的角度看确实更为可取,但它们有惩罚性,进而阻碍生产力的缺点。因此,从某种程度上,在向政府转移价值的过程中实际上毁坏着经济价值。

假设你愿意支付这位少年每小时10美元提供保姆服务,而少年只要你给每小时8美元就愿意接下这份工作。不管你们达成的协议是8美元、10美元还是它们之间的价格,该交易创造了2美元的社会福利剩余。正如你愿意支付的价格与他期望的工资价格所计算的一样,你接受的服务明显被低估了2美元。因此,对社会而言,该交易仅仅存在胜利者而无失败者(你孩子的想法除外)。

现在,假设政府征收30%的所得税(假想该少年实际上报告了他的收入并被征收30%的所得税)。即使你支付他10美元,他最终拿到的不过7美元,低于他的期望值。因此交易不可能发生,将损害社会福利剩余而不利于政府,因为不可能向没有发生的交易征税。既然你或者少年①的损失没有任何财政收入的获得来弥补,经济学家称损失的剩余为"无谓损失"(deadweight loss)。

我们再次提到愿意用所得税代替统一人头税支付社会对价是因为它能提高税收的分配效应。假如我们准确地计算收入,可以推断比尔·盖茨比我们其他人缴纳更多税。所得税不能避免税收负担和阻碍两件我们希望不干涉的其他事情——工作的决策和储蓄的决策。我们接受个人福利损失,就像婴儿保姆服务提到的那样,因为我们考虑到社会福利的交易平衡。② 但

---

① 你和十几岁的青少年如何分配净损失依赖于你们两个在交易中将会如何分配消费者剩余。假如工资是8美元,那么净损失都是你的;假如工资是10美元,那么净损失都是他的。
② 许多实事评论员支持用消费税代替所得税以便于只有工作成为决定因素,而不是工作和储蓄都是决定因素,这将被税收体制所扭曲(参见Shaviro 2008a)。其中关键的观点是仅仅工作决定需要被扭曲,而不是工作和储蓄,这都是为了实现必需的分配目的。

这并不意味着我们应该兴高采烈地附加其他扭曲行为的政策,以及仅仅因为我们正朝着创设无谓损失的路上走就继续这样做。相反,我们应该试图避免在所得税两个基本决策上添加其他的扭曲行为政策,除非我们发现那些额外的扭曲性政策为达到交易平衡具有合理性。

## 四种公司税偏好,以及二元选择与有效选择

考虑到公司所得税将阻碍工作和储蓄选择,我们将话题转向是否它的各种设计特征(如第 1 章所述)会引起其他扭曲行为。四种主要的扭曲行为可以在多卷本的公司税收资料中找到(参见,例如,Shaviro 2000b, 159—162)。第一种是在公司实体还是非公司实体之间的选择。第二种是公司融资中在债券与股权之间选择。第三种是在向股东分配公司收入还是将其留存在公司之间选择。第四种是在股息红利还是资本利得作为分配形式之间进行选择。

这一章剩余部分将针对每一种税收偏好探索两个问题。第一个问题是税收偏好是怎么通过税收政策的相互作用产生的,什么时候该偏好位于一方(例如更喜欢用债券融资而非股权融资)而非另一方上。第二个问题是每一个税收偏好是如何为潜在资源创造不必要无效率的。为此目标,我现在将依赖于单纯简化的假设,这个假设将在第 3 章重提并作出修正。假设是四种选择中都有一个税收偏好涉及在截然不同的税收系统中,能够明确识别两个可替代选择(诸如经典的债券与股权融资),并作出简单的二元选择。换句话说,纳税人可以选择具有一套特征的 A 或者另一套特点的 B,但没有机会混合与配合这些特征,或者分开它们的差别,也没有向国内收入署隐瞒真实选择行为的机会。

与此相反,尽管同样极端,其假设是纳税者可以根据四种界限的任何一个做他们喜欢的任何事情,不受税收制度对他们真正行为所产生任何影响的限制,因为他们可以做行为 A 并且解释为他们的行为是 B,或者反之亦然,而税收体系将会信任他们的行为。此观点并非放在纳税者欺诈行为这样论断的基础上,而是基于他们享有充分灵活性,按照他们发现符合税收特点的最有利的方式将他们所期望的一系列的经济安排进行筹划,我称这样

的目的为"有效选择"(effective electivity),因为它表明如果不管他们实际做了什么,明确的纳税申报允许他们选择自身行为的标签,那么纳税人将始终在同一位置保持不变。明确选择(explicit electivity)和有效选择唯一的区别在于,相比后者而言,前者是以正式的法律结构细节为特征运作。

通过完全的有效选择,一个给定的公司税收偏好将不会带来直接的无效率,因为商业组织事实上可以不根据税负结果安排它们的业务。③ 本章的剩余部分,我推定第一种观点准确性的原因是看到偏好二元选择,而不是有效选择,并非这种观点更加正确。实际上,我们随后将会看到,有效选择不断得到相对描述上的准确性,但是偏好二元选择的观点仍有某种程度上的真实性,并且它的结果因此有认识的价值。

## 公司实体对非公司实体

为了税收目的设立的公司有四层主要内涵。第一,它造成了实体收入要面对的是公司的边际税率,而非所有者个人的边际税率。第二,所有者无法用所得抵扣实体的损失或者相反(由于实体的公司地位)他们是独立的纳税人。第三,分配给所有者的所得是应税收入,如果被认为是公司的分配,比如股息红利,那么在公司层面的税收不能抵扣。第四,税收法典中任何规则的适用性仅仅适用于公司(还是非公司)取决于实体的分类,典型的例子就是法典规定上市公司高层管理人员的非业绩报酬上限为100万美元。这个规则不适用于被界定为取代公司法律实体的合作企业。

既然公司税率不低于最高的个人税率(在现行的美国法规制下),为税收目的而存在的公司实体形式使自己受到损害而不是有利于自身(主要的例外是如果存在只适用于公司的税收优惠规则)。然而,从历史上看,公司的最高税率通常低于最高的个人税率。进一步来说,我们将会在第四章看到,这种状况即使中断,也在不久的将来会有机会恢复,公司形式会受到税收优惠的鼓励而不是阻碍。

---

③ 然而,有效选择在两方面间接地引起了无效率。第一,正确地安置每一件事情增加了企业的交易成本;第二,既然有效选择允许人们减少税收负担,假如它允许利用某一种行为,那么就可能在不同种类经济行为之间创造税收偏好。

举例来说,假设公司的最高税率低于25%,最高个人税率上升到40%,并且公司层级损失的禁止列支并非一个大问题,因为公司税纳税人从事多种类商业活动(允许一类净损失通过另一类净所得而减少)。现在公司形式可能对最高等级税率的预期所有者在税务上具有优势,因为他们有信心逃避公司分配股息应税义务。

由于所得税最高层级是不完全明确的,如果人们对任何一种方法作出反应,结果将会导致无谓损失与无效率。第一种是仍旧从事同样的其他已有商业活动,但是通过其他错误实体进行税收动机选择未达最佳标准的途径。第二种是选择一个活动以取代另一个,尽管税前它获利较少,它由于公司和非公司形式的相容性产生不同的选择。然而,为使这些可能性更有意义:人们会提出这样的问题:为什么采取公司形式或者非公司形式会有重大影响?公司的特殊待遇针对的实体之间有何真正的区别?以及为什么这些区别会产生影响?

### 选择中的潜在真实结果

第一章已经提到,如果一个实体在任何美国州公司法规或者相对应的确定的外国法下创设,或者其股票公开交易,从美国的税收目的来看这个实体将被作为合格公司对待。与公司税收地位相联系的有:(1)任何特殊公司形式法规的运用(2)与这些法律相关的典型法律特征(3)公开交易机制的建立,让我们来看看为何这些因素会产生影响。

### 特殊公司法规的应用

任何合同,包括那些与投资者之间建立的,不可避免且不完整,人们不能预期到每一个偶然性因素,而这样的尝试会造成过多的成本支出。因此,法律创设了特别的法律实体,例如公司,提供可能证实为重要的最低限度违约条款,它们同时包含强制性的特征,诸如内部治理和争议解决条款。

因此,假设一个人喜爱特拉华州法官管制下的特拉华公司法,或者相信未来的投资者会作出赞同的回应(特拉华州确实是美国各州公司法中的领军者,体现在各州对该州发达的公司法制度高度的关切上)。为了有权运用它的实体法,人们必须将企业登记为特拉华的公司,相应的,它使得C公司税法地位的有效性不可避免。④

**与公司法相关的典型特征**

现代商业公司在19世纪下半叶上升到显要地位。严格地说,公司仅仅是在任何州的公司法下登记注册的法人实体。公司具有下述共同特征,然而至少要与非法人商业企业的平常形式加以区分,诸如普通合伙和个人独资企业。

有限责任。独立企业主或者普通合伙人共同承担企业的全部责任,除非他已经单独地利用合同方式限制了自己的责任。因而,并非以其投资于企业的数额为限,他可能被要求支付全部贷方或者其他相对人未完全付清的债款,比如雇员、供货商以及任何侵权行为所导致的负债。然而,除非事实上修改,否则有限责任在人们期望与另一个人进行商业活动的交易时,可能是个祸源而非幸事,因为它会使得其他人不太愿意与之交易,或者促使他们在其他方面要求更加有利的条件(比如更高的利率)。

所有权利益的可交换性。公司股份通常可以卖给任何第三方,甚至可以通过有组织的公开市场发行,诸如证券交易所进行买卖。与之相对比的是,一般合伙人投资利益通常不可买卖。举例说来,人们不曾听说年轻律师购买较大律师事务所的股份——相反的,他们必须代之以支付"血汗权益"(sweat equity)并且希望有一天能够得到回报。

可交换性对于更渴望流动性投资的所有人来说,比其他方式更具有便利性,然而,其他共同所有人卖掉股份的能力具有潜在不便利性。举例来说,人们可能在意与自己共同经营的人或者期望保留有良好经济基础的合伙人(尤其是缺乏公司的有限责任特征时)。

所有权和经营权的分离。私人企业主显然会为自己打算,普通合伙人按照传统同样也能全权代表其他合伙人,并确实对他们有约束力。与此相反,公司股东除了投票选举可雇用雇员的董事连同一些诸如兼并、清算的重大事件以外,从法律上来说没有直接的权力。与交换性一样,限制人们的所有者权力似乎是不利的(即使这里是公司而非合伙关系设置),它同样具有

---

④ 正如第一章指明,根据《国内税收法典》第S子章节来选择的避免C公司地位限于相对较少股东和简单资本结构的公司。

限制共有人相关权利的优点。

**无限的生命力。** 至少由于正式的法律原因,每当合伙人离开或者加入先前存在的组织,典型的合伙随之解散或者重组。与之对照的是,公司直到许可证期限届满(虽然典型的情况是公司永久存续)之前都保持经营或者它们明示清算解散。然而,当无限存续通常出现在界定公司的属性列表上时,其实际的重要性总是受到太多限制而不受关注。

**资本锁定。** 公司和合伙更深层的经典区别是关于其他出资者置于企业处置之下的资金。尽管受到合伙协议关系全部条款的制约,合伙人有权随时撤出其出资份额。与之对比的是,股东没有获取与其股份相交换的任何权利(Bank 2006)。股息红利通常取决于董事会自愿性声明行为,并且股份回购要求公司作为一个自愿的购买者。公司形式的再次选择(忽视修改合同上的实践内涵的潜在可能)结合了对自身令人厌烦的限制以及对其他所有者有利的限制,在某些情况下产生净收益,而在其他情况下遭到净损失。

**公众交易**

这些规则通常将公众交易实体视为公司,只要该实体满足以下条件之一:(1)在现有的证券市场上交易或者(2)随时可以在次级市场上或者其他类似的实质市场上交易。在实践中,人们可以试图通过轻而易举的买卖获得所有者利益而不需要满足任何一个条件。然而,除非他们同意履行这些条款,公司将发现它很难利用巨大的资本市场,它们通过提供合理的流动性和便利性给未来的买者和卖者。因此一旦潜在投资者认可公开资本市场的优势,公司税就很难规避。

\* \* \* \* \*

总的来说,许多因素可以影响人们偏好选择以公司的形式经营业务。然而在很大程度上,它们存在一些共同的属性特征。公司形式更适合于进入公开资本市场,而非简单地利用个人现金或者基于评估个人偿债能力受到限制的固定利率的借贷者资金。那些希望得到好机会做成一大笔的(超过传统贷方的固定收益)第三方投资者,可能希望承担限责任以及卖掉股份的权利,同时也希望他们推定通晓商业的经营者继续经营业务。这些投资者可能也会（如果他们在意的话）受到众所周知且声名卓著的制度鼓励,诸如爱德华州公司法所提供的公司内部治理争端解决制度。

相应地,如果税收体系惩罚运用公司形式,可能最终阻碍商业企业走向公开上市,而进入更广大的重要资本市场的经济部门将会变得过小。如果公司享受税收优惠,这种偏好将会逆转。假如运用公司形式确实不方便而不仅仅是不必要,这种潜在的优惠将不利于封闭企业以及它们集合而成的经济部门。

## 债权融资与股权融资

当公司运用债务融资而非股权融资时,只要他们能够迅速地清偿资金提供者的债务,公司就能避免双重征税。从税收层面看,人们总是偏好债权融资而非股权融资。为公司层面税目的考量,对于投资者而言,有扣除总是比没有更好。

债权融资比股权融资更受欢迎还有第二种背景。假设人们希望将资金保留用于公司的债务清偿,而非当前将资金支付出去,那么公司税率会高于投资者的个人所得税税率(举例来说,他们可能享有免税优惠)。对于股权融资而言,尽管它们会遭受第二层面的税收问题,公司由于持续持有股票与投资行为而继续负担高税率。对于债务而言,即使每年未支付利息支出,OID规则确保了一个理论上的交易,即利息每年都会在较高的公司税率下扣除,而包含了较低的个人税率,对于当事人而言产生了净节税。

与之相反,如果公司税率低于投资者个人所得税税率,并且公司可以逃避股息或者其他分配,那么股权融资将由于可以消除第二层面税收而更受欢迎。这里的分析好像是人们在公司实体和非公司实体之间选择,因为不论在公司税率下(如果用股权融资)还是投资者个人所得税税率(如果用债务融资并且以利息清偿所有所得),所有的所得都应纳税。

若股息红利的税率为15%,而且正筹划当期分配并在投资者层面节税——缴纳15%的税率而不是高达35%的税率——它超出公司利息抵扣的价值,人们依然偏好股权融资。作为例证,假设一个特定的公司前些年有巨大的损失,那么短期内它不会负担正的应纳税额。因此,它的额外扣除的边际税率或者计算在内的税基实际上是零。支付给投资者的资金即使定性为可抵扣的利息而非不可扣除的股息红利,也不会产生节税,然而,这些投资者,如果它们的所得按股息以 15% 征税而非按利息的 35% 征税就会获利。

### 选择的潜在真实结果

将税收暂且搁置一旁,从对立面考虑每一种融资方式的完全形式,我们来看看,为什么债务融资和股权融资之间的选择可能会事关重大。直接或者经典债务包括了一个"不管负债者的所得或者其他不足,要求他在固定的到期日以一个固定的比例的利息进行合理支付的绝对义务"。⑤ 与之相反,简单的股权,"意味着对所有者剩余收益以及不平等无限制负担的无限追索权"(Bittker and Eustile 2006,4—12)。在这样的例子中,可推断股东试图"从事公司冒险行为,承担这样做损失所附带的风险,以便于享受获利的机会"。⑥

进一步来说,两种融资方式的典型特征反映了它们不同的逻辑起点。债权人相对于股权人通常享有优先权来增强他们获得保障本金与利息偿还的确定性上(比如,他们优先受偿)。股权持有人通过股份投票来控制公司,反映了债权人没有理由担心公司运营好坏,只要他们得到承诺的资金回报。如果必要时债权人还有权利要求法院强制执行,考虑到他们其他缺乏控制的情况从而提供一个背景担保。公司债的偿还不能(在美国法律下)有可能启动管理成本耗费巨大的破产程序,这些程序旨在保护他们对现有公司资产的集体索赔权,并且判决债权人中谁能得到多少份额。

### 为什么相对一种特征偏好另一种特征?

投资者在利用传统形式下两种工具时面临一个两极分化的选择,引导他们偏好一种选择的因素包括如下:

投资者的风险偏好。如果投资者通常厌恶风险,因而相比于同样预期价值很高的浮动收益来说,更希望得到固定的收益,那么为了使两者在市场

---

⑤ *Gilbert v. Commissioner*, 248 F.2d 399, 402(2nd Cir. 1957)。
⑥ *United States v. Title Guarantee & Trust Co.*, 133 F.2d 990, 993(9th Cir. 1943)。

## 第二章 公司税法的效率问题

上平等竞争,经典股权融资将出现一个风险溢价(risk premium),相比于经典债权融资增加了预期收益。总的来说,人们希望风险溢价如此这般,即边际投资者对其漠不关心,他们根据最后可得的投资收益在两者之间进行选择。然而,即使在市场平衡的情况下,特定的投资者在风险偏好上各不相同,他们不愿破坏在投资组合中平衡两者的相应路径。当产生税负节约的价格时,每种融资工具的税收优惠都可能促使一些投资者接受一个较低风险。这可能导致超额负担或者无谓损失,这些负担和损失不会少于这章先前所例举的婴儿保姆的例子。

内部管理者与外部投资者。通常一个特定商业机会可准确地视为有两种类型的潜在投资者。一是内部投资者,他们可能提出特定想法并且期望成为执行者,但这需要外部资金,要么因为他们没有足够资金要么需要多元化潜在风险。另一个是外部投资者,他们提供资金并希望得到良好的回报,但他们知道相对于内部管理者而言,自身对于商业事务的前景及运作知晓要少得多,并且不能或者不愿意对发生的事情施加过多的影响。在协调两种投资者之间相互长期优势关系时,典型的债权融资和股权融资可扮演各种重要角色。

假设一个公司的风险投资者或者组织者有一个好主意或者机会,即提供一个未来获得平均利润之上的投资回报。公认的例子是比尔·盖茨创立微软公司,如果我们假设他可能非常成功,而非仅仅极度幸运。当任何处于这个地位的人需要外部资金时,他不会想到分享额外利润回报,并且如果信贷充足,而且他能够充分证明贷方会将他们投资收回时,他们不必要非这么做不可。因而,如果6%是比尔·盖茨创设微软时的利率,他没有必要支付比6%更多的利息,即使某借贷者试图要求更多且可能得到更多,比尔·盖茨却通常用另一种融资方式取代之。

授予自己股权,并且仅用固定利率债务的形式接受外部资金,在任何情况下,只给予外部投资者可预计的回报,为自身提供了保留资金的便利方法。然而,如果债务—股权的区别最终成为影响当事人潜在经济行为的指示,预期收益的最优配置可能会受到阻碍。

第二种内部投资者与外部投资者的问题是关于债权融资和股权融资之间的选择问题,即内部投资者必须面对监督外部投资者行为的困难。债权融资可能具备的一个好处是,它减轻外部投资者监督违约风险的义务,同时通过加强内部投资者激励他们尽力完全保留整个可变化的有利方面。其他情况下,外部投资者倾向于选择股权融资,通过给予他们与拥有股权的内部投资者相同回报,打消内部投资者对"赢了我们享有,输了你们承担"的冒险动机。然而,再次地,税收考虑可能打破最佳平衡,这是由于节税引起各方的抵消会减少税前收益。

事态严重时投资者的补救措施。如果特殊的支付义务或者其他的契约未履行义务时,债权人有权取消抵押品的赎回权,这种情况下他们相对于股权持有者享有优势,股权投资者更加难以阻止经营者迅速停止从事经济损失活动。另一方面,在美国的法律体制下,取消抵押品赎回权有时候意味着昂贵的破产诉讼的行政费用最终变成耗费公司相当一部分剩余资产价值的结果。即使接受了诸如此类程序的偶然性需要为前提,不论作为美国法律体系根深蒂固的特点还是(更乐观地来看)它们实际上帮助保持了剩余价值,以及一旦事态变得足够坏时,对竞争性经济索赔进行裁判,触发此类程序使得债务——股权混合成为微妙的平衡。然而,如果他们偏好债务或者股权融资选择,节税考虑可能会妨碍最优平衡。

## 分配还是保留利润

### 选择下的税收结果

只有公司收入分配时,股东层面的税收才会产生(不考虑出售股份),通常被视为对这类收益创设了一个公司层面的"锁定条件"。即目前的分配是不受鼓励的。不像资本锁定下的公司法特性,即使所有的股东在其他方面都偏好宣布分配股息,这样的不鼓励效应还是会产生。

然而事实上,股息税产生这样的效应时,整副画面将会变得愈加异常复杂,并且税收体系实际上偏好立即分配利润的貌似合理局面。在非常专业的情况下(第5章将讨论关于股息红利税的"新观点")掌握时机的决定可能是真正的税收中性,但是这些情况目前一般不会持久。

假设一个公司的两个同等的股东想要公司分配给每个人100美元股息,但只有在税收后果并非完全不利的情况下才可行。由此产生的税收筹

第二章　公司税法的效率问题

划问题可分为两部分:股东最终支付的公司红利税对公司分配产生的影响,和由 200 美元分配所得产生的进一步收入,它所适用的税率带来的影响。

### 对分配税收的影响

如果在某种情况下公司应税分配必须缴税,那么股东所面对的选择不再是支付税收与避税,而是在今天支付还是以后支付之间选择。通常在所得税税收筹划中,延迟纳税义务是一件好事:它降低了你最终要支付的税额的当前价值。然而(将在第 5 章进一步讨论)情况将更加复杂,因为最终必须分配的数额(如果公司某天破产清算)将增长,因为公司在其间控制着资金会得到正向回报。

税率或迟或早在变动中,不论是确定的或者仅仅是期望甚至是猜测,也可能摆脱从税收的角度,什么时候分配公司利润是最好时机的决定。人们可能期待等待股息税率减免或者股息税增加之前的资金分配。还有另外一个复杂性,等待使得保有未来选择低税率而非高税率的选择权,如果公司分配的税率似乎不可预测地摇摆不定时它可能有价值。

实际上,"锁定"显然比"抛出"占支配地位,或者由于税收原因不久后倾向于股息红利,然而,这反映了死亡时资本性资产基础逐步递增。因此,如果我以 10 美元一股购买股票,并且它的价值增加到 100 美元,我不实现 90 美元的资本利得就不能将其卖出。然而如果我持有它直到我死亡并且将其留给我的孩子,他们可以 100 美元卖出并无任何税负。

税基递增适用于股权回购,同样也适用于向第三方销售。因此,逐步递增允许公司利润留给公司清偿而不会导致股东层面税收。因此股息税并非不可避免:将其延期通常意味着免除税收而并非永久地将资金保存在公司清偿债务,消费掉锁定的股息红利税通常是正确的。但是如果财产继承的基础递增规则发生变化,这一切都有可能随之变化。

### 留存期间税率与分配的利润

这带给我们第二部分的税收筹划问题:关于投资回报在公司边际税率与股东边际税率上的区别。如果公司税率在两者中比较低,那么如果股息不分配,保持资金意味着投资的资金回报以较低的税率纳税。在当前法律下,公司税率与最高的个人税率相等,除非公司处于亏损地位,这种情况不太可能发生,并且因此在任何情况下,都不会存在净应纳税所得。然而,当公司税率在两者间比较明显偏低时,它就变成了一个潜在的大问题。从历史角度来说,国会用累进性收入税来应对这种可能性,它使来自被动投资的公司所得适用于一种惩罚性的特别税率,一旦资金超过了那些公司积极经营活动所需的任何资金,将视为以避税为目的保留资金。然而,如果公司税率较通常税率更低将会刺激延迟公司分配利润。

**选择的潜在真实后果**

将税收问题暂且搁置,为什么公司利润目前分配与否会关系重大?在上面两个平等的所有者决定给每个人分配100美元的例子中,因为他们控制着公司,除非他们受到个人现金约束,并且由于当前缺乏分配,需要更大的交易成本从第三方借钱,它很可能没有多大的影响。

然而,对于大型的公众贸易公司来说,谁拥有资金可能关系重大。举例来说,管理者可能仅仅希望手头持有资金,使得他们有更大的绝对支配权来运作业务,即使他们计划盈利的方式在事实上并不是最佳方案。通过激发股东沿着即使清楚这将减少资金运用中所得的税前利润从而延迟公司分配的路径行走,这可能因此造成系统性的负效应。

系统性的公司治理问题可能令人信服地产生鼓励税收分配的案例,这在许多情况下也是无效率的。假设持有好项目的管理者,被迫用内部产生的收益来代替额外的债务融资,他们可以劝说贷方支持,从而在他们的活动保持不变的情况下增加交易成本。或者假设一个公司独特的商业机会增加了这样的可能性,即它可比股东更好地运用资金,但是那种不信任以及信息不对称阻止了管理者劝服股东或者外部投资者。

这里的情况与其他地方一样存在一个争论,即从效率的角度看,税收中性原则似乎是最优设计方案。公司治理问题可能存在令人信服地支持分配的税收激励,至少在某些情况下,这远未成为一个管理动机基本问题的精确裁缝式补救办法。然而,如果存在一个合意偏好方向,就有足够的理由质疑现行倾向于创设"锁定"的规则是否会导向正确的方法。

## 第二章 公司税法的效率问题

## 分配的形式

### 选择下的税收结果

公司分配的税收规则对于股票回购相对于红利分配而言创设了三种可能优势。第一是前者而非后者按回收成本为基础,减少了由于股份回购原因可能包含在所得中的金额。在股东计划将他们的股票全部兑换成现金之前,等待遗产继承时税基递增,这一优势尤为显著。

第二,股份回购一般产生资本利得而非一般所得。当历史上著名的资本利得地位的主要优势,较之普通所得适用较低税率,考虑到股利是15%(至少暂时的)时,当前在两种类型的分配之间没有创设区别,在特殊的情况下,资本利得继续得到更优惠待遇。[⑦]

最后,股息分配必须对每个人实行,至少在特定种类的股票持有人之中,股份回购可以根据股东税收环境的变化进行调整。因此,假设一个公司赎回已发行股份的10%,以最先提出的人为基础。在其他条件相同情况下,人们期望报价被那些对其来说,最小(甚至是0)不利税收后果的人不成比例地接受。

当股东是公司时,税收偏好的方向可能相反,收受股息的扣除项目导致股息红利待遇较之股份回购更为优惠。当然,如果清偿是有选择的,可推定作为其他无关联公司的股东的公司自己解决这个问题。

### 选择下的潜在真实结果

与一般的超过股息的税收优惠性回购的效率成本相关的是基本明确的规则,它规定由于这种特征得到了尊重,在股东相关所有权影响下的回购必须充分不对称。对由少数大股东控制的相对封闭公司来说,问题在于内部力量平衡的潜在干扰,或者至少在交易维持上更加昂贵(比如通过仔细筹划

---

[⑦] 特别地,只要纳税人没有其他净资本损失,从股权回购获取的资本利得比股息红利享有更多的税收优惠。在《国内税收法典》第1211节,资本损失仅仅能抵扣一定程度的资本利得(对于个人而言每年加上3000美元)。

来中性化相关所有权效应变化的需求)。

　　对于股东分散且无权力的公司来说,一个额外问题产生了。股份回购,考虑到它们一般必须运用非对称性来逃避股息红利待遇,提供给管理者特别的机会,不管他们是否说明当前的股价过高还是过低的内部信息,他们以公众投资者为代价变得更加富裕。如果过低,通过以低廉的价格在股东收购招标中买入全部股份,股份回购会使他们有机会增加他们的重大利益,如果价格太高,他们可以参与"假信号(False Signaling)……[或者]为了使股票价格膨胀,在他们毫无行为意图的情况下宣布回购,这使得他们可以更高价格卖掉自己的股份"(Fried 2005, 1328)。

* * * * *

　　任何试图以人们的境况为基础区分税收义务的税收体制,一定会引起令人遗憾的无谓损失(诸如比尔·盖茨与无家可归的人之区别一样),然而公司税似乎对那些不可避免地考虑到支付能力的人增加了不必要的无效率。它干扰了各种商业和金融决策,人们可能仅仅希望参与者自己做决定。相应地,不管我们是否能够决定怎样才能最好地改变它,制度总是必然充满着争议。

# 第三章 公司税制结构的砂石之柱

制定和理解公司税制的一个核心问题在于:公司税制所依赖的基本概念缺乏明确含义。我们通过考察所得税来显示这个问题有多么严重。"所得"在经济学上的明确界定,即纳税人的消费加上净资产变化(Simons 1938,50),有着很重要的实践内涵。因此这个概念相对清晰,所得税法在各种情况下都能依赖它。例如,《国内税收法典》规定:"总收入包括从任何来源获得的所有收入"——因此可以涵盖任何在法典草案中没有列出的收入——并且授权美国国内税收署(IRS)根据需要调整纳税人计税方法以明确反映收入。①

## 建筑在砂石之柱基础上的税收

要想学习和了解所得税,首先要明确所得税(在原则上)是做什么的。所得税反映了现行税制基础的分配目标,劳动和储蓄所得应予纳税。劳动和储蓄在经济学上有明确的概念。因此,当基本税制改革的拥护者辩论我们是否需要变成无所不包的所得税或者代之以有广泛基础的消费税,其中消费税包括劳动所得而不包括储蓄②,这一讨论的内涵外延是明确的。(参见 Shaviro 2008a)

反观公司税中的实际区别,例如公司实体和非公司实体,债权和股权,这些概念都缺少内核。以"公司"或"债权"为例,这些概念较之"所得"这个概念在理论上没有同样明确的立足点。充其量,它们只是人们长期所观察到的一些特征的组合而已。就像我们在第二章中所阐明,公司通常是有限责任的而且所有权和经营权相分离,而债权通常带来固定回报、享有债权人补救措施但无投票权。而且上述这些特征通常会在一定的范围内变动,例如,

---

① 《国内税收法典》第 61 节和第 482 节。
② 消费税的税负由工作负担,因为收入花费在市场消费上(参见,例如,Shaviro 2008a)。

金融工具的回报几乎可以固定,仅仅容易遭受偶然性事件的可能性很小(因此考虑到违约可能性,即使是典型债务也是这样)。抑或固定性稍欠,抑或以微小的程度变化直到看起来像典型股权。

将本来完全不同的事物或金融工具的特征糅合在一起会使事情变得更加复杂。假如有效区分(effective electivity)还未完全成立的话,简单的二选一则无从谈起。因此,在实践中,厘清公司税的实际概念纯粹是一个划界的问题——它要求紧挨着线的一边与另一边虽然性质基本相同,但却被视为完全对立的性质而税赋迥异。(见 Weisbach 1999)

在实践中,纳税人总会去推动尽可能多的有效区分。税收体系的回应则是制造各种区分之间的矛盾冲突约束自由选择,使得纳税人更难以得到他们偏爱的税收分类,除非他们接受可能他们不喜欢的相关实际后果。例如,如果纳税人希望援用特拉华州公司法或者其股票在注册的公开交易所交易,则该实体不能避免被界定为公司。因此,选择非公司实体具有潜在代价。

然而真实世界的矛盾随着时间推移而变动。它们会随着税收筹划创新、市场地位发展和法律规则演进而发生变化。实际上,公司税是建立在砂石支柱基础上,砂石之柱不断地崩溃又被加强。明白这一过程是理解公司税法未来可能发展的关键之一,因此我举两个简单的个案研究使大家对其如何运作有一个感性认识。

## 区别公司和非公司实体

如我们在前两章中所见,任何法律实体,只要根据某一州法律(或者类似的外国公司法)字面上认定为公司,则它在美国联邦所得税税收目的中就不可避免地被认定为公司。由于人们乐于成立公司,这个规定效力显著,并反映了它提供了一个易于理解和良好发展的法律体制。例如,某些公司创始人不管是希望公司立刻上市还是预计以后再上市,这种能够援用特拉华州公司法都说明负担公司税是值得的。

然而,其他人需要的可能只是与公司法相关一些典型特点,例如:股票的可流通性与所有权和经营控制权分离。这些纳税人很早就知道,这些公司特征可以不用公司形式获得。一个例子就是使用有限合伙来复制公司——股东之间的关系而不用组建公司。

有限合伙人，就像公司股东一样，通常只承担有限责任，有权转让自己的权益，但是无权像一般合伙人一样代表合伙企业。所以有限合伙关系通常起码要有一个普通合伙人，它在法律组织上相当于（希腊神话中）半人半马怪物。它不同于人的头与马的身体之组合，而是一个普通合伙关系附加在一伙有限责任的合伙人，在绝大多数情况下，他们如同公司股东一样。假设诸如早期著名案例，唯一的普通合伙人就是一个公司，它本身就以所有权和经营权分离为特色并拥有少量资产，因此，它假定的像普通合伙人一样的完全责任通过其潜在的公司有限责任变得毫无意义。这样看来好像直到这一实体真正属性受到关注，它除了名字以外拥有所有公司的特征。

美国国内税收署早已认识到这个问题并制定了"公司相似性"（corporate resemblance）测试，该测试列出了一组关键特征且指明哪种"真实"实体与给定模版更类似。这些企业注定得请某些纳税人来回答何以能为着税收目的而作为非公司实体。但是，只要美国财政部没有扭曲法律规定而错误猜测使方向发生偏差，这可能能成功限制纳税人在具有显著公司属性而选择非公司税收地位。

许多年来，律师或医生等专业人士在州法律框架中都不允许成立公司。但是基于税收目的，他们希望避免自我雇佣状况，即使他们实际上就是在为自己工作，因为只有作为不同纳税人的雇员才能享受税收优惠附加利益（就像养老金计划和免税健康保险）。作为合伙关系就不那么有利了，因为合伙人的收入直接被征收税款。聪明人于是想到为税收方面目的利用有限合伙形式，他们可以争辩实际成立的是公司（尽管州法律禁止字面上的公司地位）。

财政部显然想阻止这些规避拒绝给予自我雇佣者税收优惠附加利益的作法。因此财政部草拟了公司相似性规则，尽管该规则过于形式化而易被操纵，但其目的明显是否定公司地位。这些法规列举了四种典型公司特征——有限责任、所有权利益可转让、所有权和经营权相分离、且无期限存续——而且主张明显的合伙关系是不会被再认定为公司的，除非公司特征占据主导地位（例如四个公司特征中占了三个）。不管事实的相关重要性还是它们与公司多接近,都不在考虑权衡之内。

纯粹作为一种形式,技术上只要一个旧合伙人离开或者新合伙人加入,合伙关系就解散了,即使这个解散没有任何法律后果。相应地,医生、律师的合伙关系不可避免缺少公司特征中的无限存续这一特征。在州法律规范这些职业情况下,有限责任抑或所有者利益可转让性上也存在法律困难,只要由于税收目的作为公司看待,这些合伙规避税法的意图就玩完了。

虽然美国国内税收署取得了上述胜利,但在20世纪80年代早期却加倍输掉了成果,当时各州专门为医生律师等一类人制定了"专业人士公司"法案,而在联邦层面上国会将各种税收优惠附加利益也赋予给了自我雇佣者,使得财政部监管技巧毫无用处。很多州同样通过了新法规创建了一种新型企业实体,即有限责任公司(LLC),纳税人如果不想被州合伙关系法规制同时又想避免成立正式公司,就可以利用这种方式。

同时,实体企业分类的风向也发生了转变。通常纳税人虽然具有公司股东的典型特征(如有限责任),但目前希望避免C类公司地位,所以他们可以投资那些可以给予他们避税损失的过手股份请求权利的实体。有限合伙关系自动缺少无限存续这一毫无意义的公司属性,并因此只需要增加一点特征来避免公司地位。有限责任缺位就能够很轻易地耍诡计而无须具有任何实际后果。例如,在技术上你可以通过创设一个有限合伙实体做到这一点,其中唯一的普通合伙人本身是一个有限责任的公司,而且只需注册少量资本。

尽管理论上财政部能通过改变实体企业分类规定而另有倾向,但在实践中在政治上会困难重重。相反,在有里程碑意义的1986年《税收改革法案》中,尽管其中为个人制定了各种损失限制规定而没有解决企业分类,国会还是回应了避税的挑战。但是由于公司税率高于个人税率,该法案仍然为避免公司形式提供了新的动力。现在不再需要别的税使公司地位存在税收劣势了。与此同时,各州开始颁布"支配性有限合伙"(master limited partnership)法规来根本消除对普通合伙人的需求。因此现在除了名称,新公司能够相当容易地避免始终不得不面临公司税的境况。

国会曾在1987年作出回应,增加公开交易的条款使得一个企业在税收目的上成为公司。然而,共同基金(mutual fund)享有可交易股份,但无人认为它应该缴纳独立的公司税。因此,国会为新法规创造了例外。它规定主要赚取消极收入(passive income)的企业主体,例如利息和股息,不会由于公开交易而归为公司。

在接下来的二十年里,上述问题没什么变动。其间,财政部显然发现它们的利益受到公开交易规则的充分保护并意识到公司相似性测试的多处漏洞与可操纵性,于是在1997年废除了该测试,并规定诸如有限责任公司的形式上的非股份公司企业,如果没有上市交易,可依据他们的喜好选择公司或非公司类型。这被称为"检查箱子"(Check-the-box)测试,因为人们字面上如何选择就决定了准用的退税。

但是用税收筹划创新来打败新法规业已显现。2007年,黑石集团(Blackstone Group),一个顶尖的私募股权的合伙企业,宣布并执行了公开上市的计划,为其主要负责人赚了数以百万美元,却没有因此成为缴税公司。这个税收筹划很聪明并富有野心,在法律上也无懈可击,本来是为难以预料的消极收入例外提供监管"裁量技巧"的规则却导致了立法所不愿看到的结果(Fleisher 2008)。具体来说,在别的地方毫无意义的"拦截器企业"(Blocker Entities)被安排在实际的经营企业和上市交易公司之间,从而通过这一链条积极的营业收入魔术般地变成了资本利得,股息红利也被限定为消极资格。

一些资深的国会议员立刻作出回应,提出立法议案,从黑石集团税收筹划已经发现或者发明的做法中来"拯救"这些公众交易合伙条款,但直到2009年初,仍无法确定法案是否会最终通过。因此,公司税收是否能持续适用于新兴、上市交易和活跃的商业企业仍不清楚。

即使国会可能阻止逃避公司法人地位税收这条路径,可以想象仍然存在其他的未来挑战。即便是规则完善本身随着时间的推移可能也会出现漏洞。或者,纳税人想出新方法,虽然不能在类似二级市场上交易,但却有上市交易的资格,但有上市交易的流动性利益。或者当不便成立公司来安排上市交易时,可能纳税人又会转向希望具备公司地位。"历史的终结"不可能在这里产生,特别是考虑到缺乏一个前后一致的基础概念的情况下。

## 股权和债权的区别

区别股权和债权比区别公司和非公司实体更困难。在这个问题上,甚至连诸如公司法这样解决公司设立的类似法规都没有,因为公司可以任意发行金融工具而不需要援用国家提供的包装(即只依赖公司自身的信用)。由于公众公司的债权和股权都典型具备可交易性,现实中也不存在为类似公开交易规则所提供的一个方便区分标准。因此税法面临着界定债权和股权概念的挑战,如果唯一可用的工具是列举公司和非公司的特征,那么同样的事情将要出现在企业分类语境中。

前已述及,传统上债权和股权的区别有许多维度。典型债权有以下特点:(1)固定的回报;(2)支付全部尚未归还款项的本金和利息的固定到期日;(3)债权人的权利包括破产执行;(4)优先于股权得到偿还;(5)除为保护自己的债权地位之外,无投票权或者其他实际控制的权利。相反,典型股权有以下特点(1)依赖于公司经营状况的可变化回报;(2)没有固定到期日;(3)没有债权人权利;(4)其权利行使在债权人之后;(5)有投票权。

这些权利集合之所以产生,很可能是因为它们的这些特征组合通常是合情合理的。例如,赋予投资者投票权,因为投资者更有理由关心企业经营状况(债权人只需担心企业的破产),同时保护那些法律地位游离于权利集合之外的权利,使之享有优先权与执行权。时间已经证明这些混合的权利集合完全是可行的。

股权债权分类在实践中令人畏惧,美国国会于1969年专门颁布了一项法令来指示和授权财政部制定综合全面从税收目的界定债务和股权规章。国会的这项法案甚至帮助提供了财政部可能会认为很重要的非强制性和非排他性的列表事项。[③] 然而财政部规章一直没有制定——财政部两次发布规章草案都遭致广泛的批评——到现在大家都清楚已经不可能再颁布这样的规章了。

由于缺少清楚的指引,律所常常为客户提供法律意见书对特定的金融

---

③ 《国内税收法典》第385节。

# 第三章　公司税制结构的砂石之柱

工具到底是债权还是股权作出判断。这些法律意见都参考了一位税法律师 William T. Plumb(1971)的一篇著名论文,该论文提出各种考虑因素都会在法律意见中进行分析。前述文章发表之后基本原则几乎没有变化,而且后来的研究者也难以有所超越,William Plumb 的这篇 272 页的文章发表在《税法评论》(the Tax Law Review)上,尽管时隔多年而且只是次要的法律渊源,但是该文依然是分析债权—股权的黄金标准。④

实践中有两个问题阻碍了债券—股权的划分。第一是同时具有债权和股权特征金融工具日益普遍并广为接受。例如,或然性债务工具具有典型债权特征,比如有固定偿还期,但收益又随着诸如利率或者证券指数的客观信息具有可变性。或然性债务工具现在很普遍,以至于财政部已颁布法规专门规范应如何计算它们的可扣除的与包括在内的未付利息。第二个问题是任何区分股权债权的相关因素特征可能会处于中间位置,很难准确地观察,或者对双方没有重要的经济意义(因此纯粹由他们选择自己偏好的纳税后果进行架构)。

例如,虽然在经典的债权人固定回报以及经典的股东浮动回报上二者的区分看上去很清晰,但这种区别是由于两个原因而从一开始就根基不稳。第一,即使是最简单的债权工具,只要违约风险存在都有可变化的回报。对此纳税人早就开始充分利用,将债务工具定性为债权,诸如垃圾债券即使违约的风险很高,且利率很高。

高违约风险,使预期回报产生了显著的变动性,但这并非必须要求一个异乎寻常的投机性风险投资。弱化资本(Thin Capitalization)(例如,一个高债权—股权比率)在所有业务收费低于最高预期时,它同样能通过只留下微薄的缓冲偿还所有债券持有者的手段来实现目的。早期法院能在债权—股权分析中审慎地识别偿还可能性与弱化资本的相关因素,但是在极个别的情形下,如果纳税人筹划得很仔细,法院通常抓不到要点。

第二,如需使看似固定利率的债权工具在实践中具有高度变动性,只要将其转变为其发行者的股票的选择权即可。因此,假设一个公司以两年期限的原始折价发行债券(OID bond)的形式发行了 100 美元的债权,每年的

---

④　参见 Weisbach(1999, 1627),表明自从 Plumb 之后"没有人会触及债权与股权这一话题",反映出单纯从学说分析的角度很难取得进展。

回报为10%,因此两年偿还债权人121美元。但是假设债券到期可转换为发行人的股票,选择权在债权人手中(假设原始折价发行的债券发行时的价格为95美元)。现在原始折价发行债券有一个浮动回报,因为如果股票在两年中以高于121美元的价格出售,债权人很可能会转换。实际上,债权人可能与目前的股东承受几乎相当的上升风险。

这只是一个期权怎样改变风险分析的例子。类似地,如果公司享有在将来的某一点上用预定好的固定价格买入选择权(Option to 'Call')买入股票,或者在不利的时候如果持有卖出选择权('Put' Option)用同一价格将股票卖给公司(或其他人),似乎股东可能丧失股权有利的一面。然而判例早已确立:除非股权转换选择权是确定的,通常这种期权不能改变给定工具的税收分析。这种不管期权特性而故意睁一只眼闭一只眼的办法也许是不得已而为之,因为如果要评估债券持有人或者股东的真实地位,人们需要检查他或者她的所有金融头寸的变化,以及这些金融头寸是否会在所涉的金融工具中显现出来。否则,纳税人能通过选择属于同等金融工具的期权来选择他们喜好的税收待遇。

然而,一旦忽略期权的观点得到承认,那么风险分析便毫无意义。公司可以发行具有股票同样经济性质的金融工具,而同时声称其所创建的是能抵扣未支付利息的债权。⑤ 股东能通过选择权促进或者允许用预先安排价格出售证券的方式限制上涨和下降风险,以便于提纲挈领地锁定类似债权的固定回报,并仍继续作为股票对待。⑥

普朗波(Plumb)的其他权衡因素也同样不能提供有意义的指导:

- 尽管过于遥远的到期日意味着,原本的债权工具实际上是股权,大量判例都认为40—50年,甚至在某种情况下89年的期限都不过分。(Plumb 1971,415—416)是否所有本金保证能到期归会是一个重要因素,但是如果到期日严重推迟,则是否能到期归还就没有任何经济意义了(就当前的价值而言)。

---

⑤ 很好的一个例子是所谓 Feline 的 PRIDES 交易结构,其中一个公司支持用票据加期权合同的方式购买股票,有效地在交易日出售了股票,要求几年的利息抵扣而实际上没有利息支出。

⑥ 在《国内税收法典》第1259节,即使存在收益或者损失的风险往往还是作为销售股票看待。然而,IRS主张该条款不可适用于某种安排,即如果股票价格下降,推定的股东受到向下风险的保护,直到预计价格会上升到25%的收入(《IRS税收收入规则》2003-7,2003-1 C.B.363)。

## 第三章　公司税制结构的砂石之柱

- 尽管享有还是缺失投票权对于法律分析来说十分重要,但股东通常不太关心,而且投票权的真正意义会因为股东特别投票权或者绝对多数表决制而受到影响,从而使一项特定的投票权几无意义。
- 由于未满足履行标准的救济手段在任何情况下都可灵活调整,存在或缺失债权人权利也不过是微不足道或者流于形式。
- 如果一个公司已有传统的债权和股权,发行一种介于两者之间具有相邻优先性的财务工具要么是次级债务(Subordinated Debt)要么是优先股(Preferred Equity)。不管怎样,其优先性在三个种类中名列第二。
- 在判例法中认定的关键证据性因素之中包括该债务工具的正式名称以及当事人的明显的目的(Plumb 1971,411—412)。对于老练而且了然于胸的当事人来说,这所带来的自主选择的好处再明显不过了。

华尔街有个笑话:分辨某个不给投资者提供现金流的复杂的金融工具到底是债权或股权,最好方法是询问其营销对象是哪一种投资者。如果投资者享受税收豁免待遇,该金融工具可能是债权性质,因为投资者不介意公司利息扣除和投资者纳税问题(鉴于他们不纳税的地位)。如果他们需要纳税,那可能是股权性质。但是这需要与律所一起认真工作考查方方面面,来作出肯定性的法律意见(对于鼓励准投资者很有效)。

把事情弄得更复杂的是,发行人可能同样会关心金融工具的财务会计待遇,就像关心纳税待遇一样。公司常常喜欢税务和会计"杂交",这是对于税收来说没有会计目的的债权,因此增加了应税收入的利息扣除,又没有和向投资者报告的收入性质相违背。

美国国内收入署最近开始尝试利用公司管理人所关心并青睐的会计待遇,作为限制有效税收选择性的掣肘,在区分该工具是债权还是股权时,要考虑它们的非税收目的的分类,例如在财务会计声明方面。⑦ 法院到底如何采纳这个新方法还不清楚。但是这一问题说明了某种可能性,至少对于上市公司的经理来说,他们必须迎合外部投资者的喜好,这至少会减弱有效选择税收待遇的驱动力。

---

⑦ 美国国内收入署通知94-47,1994-1 C.B.357。

## 趋向税收待遇有效选择的重要性

我们应该怎样考量允许公司税收法规向更广泛的税收待遇有效选择性的发展所带来的结果？一个良好的起点是假设在完全零成本的条件下，如果采纳诸如公司纳税地位和非公司纳税地位的选择、金融工具是债权还是股权的分类选择，到底会发生呢——也就是说，扩展适用标签规则（Check-the-box Rules）并假设纳税人进行税收待遇选择获得收益最大化，却不会产生任何交易成本。⑧

在上述两个选择中，主要后果有两方面。首先，投资者能够在他们自己的个人边际税率和公司税率两者之间作出选择。其次，他们能选择是否承担双重征税（如果他们选择首先采用公司税率，这至少在纸面上会导致双重征税）。

乍一看，这似乎并不那么糟糕。为何不让投资者适用自己的税率，来代替公司税率？前者反映了他们个人的情况（例如，他们还有多少其他收入）。同样的，允许零成本避免双重征税也类似于允许公司自助式一体化，以达到不需要立法行为就能获取大部分税收政策专家都能赞同的情形。

但是，这两个结论都难以成立，就投资者税率而言，主要的问题是税收豁免，因为这种税收豁免不仅包括明确的美国的机构豁免，如养老基金和大学；同时外国纳税人也可以规避缴纳在美国的本国投资税收。正如爱德华·克莱巴德（Edward Kleinbard）指出（2007c，116），"今天的资本市场在匹配应税发行者和非纳税的投资者上是极有效率的……这样能使他们的集体税后回报最大化"，但这是建立在公共财政成本的基础之上。只要必须以公司股权进行投资，在公司层面上，表面的免税在现在都是可征税的，而这不必然是一个坏事。实际上，公司税制一体论的支持者往往支持保留这项间接税（Graetz and Warren 1998，11）。至于股东层级缴纳双重征税的第二部分税收的风险，在第一章中就已指出，如果公司层级避税已成为非常严重的

---

⑧ 现有的"勾选"选择导致纳税人引发交易成本由于：（1）评估应该作何选择的需要以及（2）从事正成本行为的激励，诸如在某些法律管辖权下建立新实体和在普遍所有实体之间进行文件交易等方式来实现税收利益最大化。

问题,股东层面的征税有其可取之处。

因此,限制税收待遇有效选择的法律规定发挥着限制纳税人获取不利于社会的结果的掣肘功能。无可否认,这样做是有成本的。特别是,该法规倾向于保留在第二章中讨论过的公司税中最主要的一些不效率。此外,对于纳税人通过从事复杂的税收筹划交易浪费资源(从社会的立场看)的这一倾向也有着模棱两可的潜在的不好影响。这种掣肘可能要求此交易比其他交易成本更高(例如,更为复杂的税收安排),虽然这也潜在地减少纳税人从事这项交易的数量。

这种妥协在现行所得税中也存在,尤其是收益或损失通常通过买卖或交换方式得以实现时才考虑其税收因素,这一基本规则常被纳税人所利用。这种实现规则和其他公司税的特点一样是砂石之柱,而且它还得不定期地通过法规来加强被资本市场创新所破坏的税收制约。⑨ 即使这样,收入损失的实现规则有时也削弱了公司通过避税交易为着避税目的而制造虚假经济损失的能力,这些避税交易都不过纸上往来罢了。

美国国内税收署打击公司避税的关键工具是对于亏损和其他可疑交易提出总体条件:如果这些交易是出于避税的目的,就必须满足非税收经济实质和商业目的的最低标准。这些规则,反过来"使得税收待遇有效选择的成本更高,那些试图追求税收损失的公司不得不承担它本欲避免的经济后果。"(Shaviro 2007 b)。

不仅如此,尽管经济实质方式通过法定语言或立法意图规范化了,我曾在其他地方探讨过,这种方法实际上

> 只是一个完成目标的工具,它与人们可能如何作为内部逻辑问题下定义没有关系。撇开经济实质规则作为旨在遏制不当交易的特别有用的工具的制度性原因(对法院而言尤其如此),人们不妨将优惠税收结果的条件界定为纳税人的首席财政官能否在愚人节的半夜在美国国内税收收入署的总部翻20个后空翻,如果这样的要求碰巧达到更优惠的税收比例,那么就成功地遏制了那些对他们自身而言毫无意义、为了满足要求的浪费式努力。(Shaviro 2000a, 223)

---

⑨ 在法典第1259节,规定一定金融交易经济上类似买卖交易将被视为销售行为。

在公司税法框架中强化这些砂石支柱面临着类似的考虑，允许投资者从公司股权世界中选择退出的观点好像并不比允许扣除虚假损失好多少。不管怎样，只要公司税保持目前形式，我们可以预期，在关键的操作性定义上依然会众说纷纭，虽然这对公司税务律师来说是一个好消息，但对于其他人来说却并非如此。

# 第二部分  公司税收的经济原理

在那个老掉牙的盲人摸象的故事中,故事的主人公被要求描述大象的形状。第一个盲人触摸到了大象肚子的侧面,说大象就像一堵矗立的墙。第二个人摸到了象腿,说大象更像一棵树。第三个盲人摸到了大象尾巴,说大象更像一根缆绳。

研究公司税收的经济学家常常就像故事中的盲人一样。考虑到影响公司税收活动的特征的多样化以及那些特征自身复杂的特点,经济学家不可避免地必须以高度简化的模型作为研究起点。这本身没有问题。经济学家通常运用高度简化的模型得出关于真实世界制度强有力的洞见。然而,问题是选择合适的简化假设存在困难。

当所分析制度的核心要素可识别时,简化能发挥最佳的作用。例如,在评估所得税时,经济学家探询税收对工作、储蓄及风险承担(在另外一些关键的利润决定性因素中)的影响。对于以上每一要素来说,税收对其概念及激励效应的方向都是相当清楚的。所得税课征了人们工作及储蓄的成果而使得人们工作及储蓄的欲望下降,通过征收纳税人的收益降低了其风险水平(保持投资选择的恒定)并部分地补偿纳税人的损失。因此,哪些类别的核心假设可以有助于所得税的研究,对于这一点已经很清楚。

然而,公司税收独一无二的系统性特征很难加以清晰地描述。然而,不仅仅由于那些特定偏见(正如第二章里讨论的那些)的方向变化无常及模棱两可,也由于我们常常不清楚一个给定的偏见实际上是什么。例如,考虑到砂石支柱及基本概念的不一致性，一个实体选择公司形式或者采用债权而不是股权的方式，在税收体制之下究竟意味着什么呢？若债权与股权之间差异的意义不明确，则使人很难确定实践中偏好债权或股权中的某一种会真正导致什么样的结果。所以，对公司税的本质进行评价以及经济学家应如何建立模型是很难估量的。

对于那些为了建立公司税的模型而必须识别合适的运营性假设（operating assumptions）为基础的经济学家来说，这使他们感到真正地左右为难。此外，如果任何一种运营性假设总体上都不合适，那么我们就无法在各种模型之中进行适当的选择。即使某种模型在给定的税务筹划与实践环境下比另一种更有效，在几年之内一切都有可能改变。

简言之，经济学家对那些需要帮助理解公司税的律师是爱莫能助的，因为是律师在先提交给经济学家的问题本身提法不合适。若无法充分明确地说明你正在制作什么，那你注定不会满意他人对你作品的实质性分析。

尽管已有这些警告，然而理解公司税的主流经济模型既重要也令人兴趣盎然。这些模型对类似于公司税如何影响效率及财富分配问题不可否认地提出了一些附条件解答。此外，其对诸如企业一体化（corporate integration）这样的改革的重要性（或改革的不足），以及此类改革应如何构建提出了强烈的暗示。接下来的三章内容将会回顾公司税经济分析的一些主要理论，由替代性的出发点着手，通过同样合理的逻辑论证后得出相互对立的结论进行成对分组。

# 第四章 "老哈伯格"与"新哈伯格"的对比及公司税收的影响范围

公司税收的影响范围是什么？如果没有公司税,我们社会中的哪一类人应该更富有或者更贫穷,抑或公司税的影响不存在,所有人是平等的呢？这可能是一个关于不同群体的问题,比如工人,消费者及储蓄者,在不同程度上我们都属于上述群体的一员。或者可能是一个涉及累进性的问题,意味着征收公司税对财富在相对富有与相对贫穷的个体之间分配的影响。

## 理解影响范围

在回顾公司税影响范围文献之前,让我们从经济影响这一概念的简要回溯开始。理解经济影响必须牢记三条主要的原则。第一就是名义影响范围与经济影响范围之间的差异。第二条是在认定一个既定税种的影响范围时弹性的重要性,或者人们受税收影响的行为可变性。第三条是短期或者过渡影响范围(transition incidence)与长期或者恒定影响范围间的区别。

### 名义影响与经济影响对比

当一个特定的交易产生赋税义务时,税法通常明确指出当事人中哪一方必须实际向政府缴款。可能我们会倾向于认为纳税义务的确是由缴款方承担,这是字面意义上的纳税人。然而,在经济理论里,正式纳税义务的分配通常对于任何最终承担税收的经济影响(economic incidence)的人没有效应。

一个简单的例子也许有助于说明这一点以及与此相关的正式或者名义上的影响并不是(即使相关的)一个定义完善的概念。细想一下零售销售税(a retail sales tax),诸如那些由全美数量众多的州和地方政府征收的税收。假设税率是10%,则一个便利店里售价为1美元一包的口香糖就产生了10

美分的税负。通常交易情况下，尽管税金是单独列出的，你将会支付给便利店1.1美元，而不仅仅是标出的1美元。然后便利店将会支付10美分给地方政府——不论是否要求便利店明确地将销售税添加到张贴的价格标签上，便利店都得向政府缴税。

于是表面上看来，便利店是名义纳税人。事实上向政府支付税款的当事方，可能是唯一承担支付税款的法律义务的一方。然而，许多人宁愿将消费者视为名义纳税人。这反映了便利店在实践中向消费者标出不含税价格，并意在将销售税作为单独项目收取的做法。因此，便利店将被视为仅是一个税收代理人，它从顾客处收取应缴税款并按期上缴给政府。

然而，如果零售店标出的是含税价格并且未明确告知消费者税金将上缴政府，我们仍会有完全同样的一笔现金流。这是世界各国增值税经常运作方式。便利店标出的是含税或者不含税价格都会产生完全一样的现金周转，区分两者对于名义影响而言果真有意义吗？

现在考虑另一种交易形式，它确实改变了原有的现金周转情形并促使名义影响明白无误地落在了消费者身上。假设个人借记卡的应用完全取代了现金，则税务当局可以进行电子化监管。那么销售税的征收在任一阶段都无需借由零售店持有现金税款，这在行政管理上是行得通的。因此，在买一包口香糖时，假设你得向店员提供借记卡，店员使用借记卡将1美元从你的银行账户上划拨到了便利店的账户上，同时10美分被自动划拨到地方政府的账户上。

适当应用这种技术，便利店再也不会持有或向政府缴付销售税税金。在任何字面意义上，便利店都不再是纳税人。但是一旦交易完结，整个的现金周转仍然与以前一模一样。正如之前那样，你得支出1.1美元，便利店进账1美元，政府进账10美分。中间的细节不管是否被描述为变化了的名义影响，都对上述任何一方没有影响。

税收真正的或者经济影响的分析将上述细节抛诸脑后，以便集中在更有趣更有意义的问题上，即究竟是谁实际上承担了税负，并由于税款的征收而境遇变糟。为了在口香糖交易的情形下解释这一概念，设想以下三种替代性的情形（每一情形显然都是过度简化并不切实际的），每一种情形都为在没有零售销售税的情况下针对交易将如何被改变的假想问题给出了不同的答案。

情形1：你仍需为一包口香糖支付1.1美元，但是便利店将保留全部款项。若没有销售税时会这样的话，那么现实中存在销售税时，则是由便利店的主人承担税负。

情形2：你仅需支付1美元。若的确如此，那么你就以从口袋掏钱的方式承担了税负。

情形3：口香糖售价为1.05美元，全部为便利店店主保留。此时我们可以说税负在你俩之间对半均分。

上面每一种情形都忽略了人们对税收作出反应的行为变化，比如由于价格的大幅提高而导致的口香糖消费量下降，或者如果便利店行业更有利可图而产生来自其他新店参与竞争。这些行为的变化，除了影响价格并因此导致调整税负外，还产生额外的负担或者效率损失。额外负担的影响，就像直接负担一样，理论上可基于谁境况更糟而加以认定。然而，这有赖于熟知前述的口香糖交易如何进行以及采取其他影响当事双方福利的措施。

**弹性及谁最终承担了税负**

有个关于两个在非洲正被一头饥饿的狮子追逐的自然学家的故事。"你真的认为你能跑得过它么？"其中一人问另一人。"我不需要"，另一个人回答，"我只需要跑得过你就行了"。

表面上看似乎很奇怪，这两个自然学家几乎可以讨论税收影响了。关于当事人中哪一方将会承担可税交易的最大份额，其中税收基本经济学认知是，这取决于他们的相对税收弹性。不管谁跑得最快——或更确切地说，不论哪一方对税负威胁作出的反应是最大程度地降低供应或需求——将会承担最少税负，然而不管是谁跑得最慢（或确切地说，作出最少的变化），将会承担最多的税负。然而，与从饥饿的狮子口中逃离不同的是，税收影响并不是一个全有或全无的命题，最终可能是大家分摊。

以税收而非狮子来说明的话，假设拉斯维加斯对旅馆房屋出租征收20%的税收。承担该税负的天然候选人，至少是首当其冲的，是在拉斯维加斯旅馆留宿的游客、旅馆所有人以及旅馆的雇员。若游客对于在拉斯维加斯度假的需求足够固定以至于房价攀升也不会赶走他们，旅馆所有人可以简单地通过增加房费将税负转嫁给游客。然而,若其需求是高度弹性的,也就是说高房价将会使游客数量急剧下降,那么旅馆所有人就无法以不增加空房率而轻易地提高房价,从而以牺牲收入为代价。

旅馆所有人是否可以以旅馆雇员的工资为替代品支付税款呢?这取决于劳动力市场的供给弹性。工资的削减使旅馆所有人雇到他们想要的员工的能力下降幅度越大,这种做法越不可行。

旅馆所有人最终将会承担最多的财务冲击吗?这里的弹性问题是当盈利的可能性下降时,其退出旅馆业的可能性有多大,将资产转换到其他替代性的用途上的可能性有多大。可以随意退出的可能性越大,其在高房价时仍有足够的入住率,以及在更低的工资水平时雇佣到足够员工的能力就越强。

### 短期与长期影响的对比

人们对于新公布的税收政策变化的反应,通常会随着时间慢慢显现。立即改变正在做的事情并不总是易事。然而,随着时间的流逝,对于税收所作出的特定的一系列行为反应可以证实比初始时更具弹性,这使得税收影响的变换也是渐进的。

例如,假设美国政府突然出乎意料地取消了目前赋予拥有住房的私人房主大量所得税优惠,或假定一夜之间不动产价值缩水,以至于对目前房主产生损害。毕竟,大部分的住宅无法轻易地转换到其他替代性的用途上去,并且没有税收优惠的预期,购房者不会愿意给出与之前同样的价格。然而,由于新税收环境下住宅建造的数量更少(或更小的及更简单的),久而久之,将会少到使现有住宅价格反弹到原先水平的程度。住宅建设的下降将会削弱现有住宅面临的市场竞争。

然而长远来看,所有的私人房主都可能遭受损失,税负将会完全由那些当税法变革公布时(或更精确地说,当其变得可预期时)拥有房屋的业主承担。假设我正考虑买房时突然税收优惠取消了。也许我打算购买的住宅价格从30万美金跌到了27万美金,这反映出税收优惠损失的价值刚好是3万美金。如果我是一名信用受到限制的人,我可能实际上会很高兴看到房价下跌。要不然,我可能会无动于衷,因为不管怎样我买房的支付物有所

第四章 "老哈伯格"与"新哈伯格"的对比及公司税收的影响范围

值。如果税收优惠价值3万美金,那么假设预先为其支付然后随着时间流逝享受其带来的好处,对我来说是一桩经济上不盈不亏的交易。正如我们将要看到的那样,一种类似分析将应用于公司税,以及各种试图改变其影响效应的建议。

## 公司税收影响的"老哈伯格"观点

在此背景下,我们首先转向经济学文献中致力于公司税收研究领域首开先河的不朽贡献。即阿诺德·哈伯格(Arnold Harberger)里程碑式的研究《公司所得税的影响》(下称《哈伯格1962》)。

《哈伯格1962》赢得持续性声誉不仅仅归功于作者是研究该主题的第一人,更在于它结合了两种截然不同的优点。第一个优点是用界限清楚且良好定义的正式经济模型构建的严密理论。第二个是它的富于想象力地利用了现实世界中的信息,即使它的有限性无可否认,试图对公司税中最重要的分配性问题作出回答:是否其影响是累进性的。考虑到公司税收的任意性特征,这看起来会导致不必要的无效率,许多支持公司税的人,如果免于法律实体能够实际承担税负的错觉,抱有这种观点认为公司税是一种以间接方式增加富人整体税负的税种,比如那些持有大量股份的人。因此《哈伯格1962》所考察的问题对于评价既有的公司税收结构是否在理智上可以自我辩护而言至关重要,可以推断建立在更直接地增加累进税率的基础上将会遭遇政治困境。

根据《哈伯格1962》的研究,公司税主要由所有资本持有人(不限于公司股东)承担,这表明它确实是累进性的。然而,该文将公司税归结为累进性所持的理由不仅不明显,而且看起来具有完全或然性,其依据在于将现实世界划分为企业与非企业部门所具有的特殊的可观察特点(observed features),而论文未对此作出理论上的解释。考虑到偶然性,如果接受这种分析,可以认为《哈伯格1962》所做的研究,事实上主要推断是意图表明公司税很容易失去累进性,尽管普遍的理论假设与此相反。

### 哈伯格模型的关键特征

《哈伯格1962》几乎完全忽略了对公司税进行事实上的描述。它简单地说明,为了建立模型,促成公司需要缴纳公司税,而所有其他形式的企业无需缴纳公司税。商业部门因此被划分为需要纳税与无需纳税组织两大部分。考虑到个人独资企业与合伙企业所得历史上都具有完全的可税性,这显然为惩罚采用公司形式而有能力承担双重税收的行为提供了理论参考。

考虑到税收不利因素的理论假设,为什么还有企业愿意采用法人形式呢?《哈伯格1962》并未涉及,但可以断定在某些行业,诸如有限责任这样的企业法人必不可少。该模型将经济实体故弄玄虚地划分为法人与非法人行业,依据其观点,反应了税收的选择性征收可以阻止法人公司与其免税同仁之间的直接竞争。由此,征收公司税只是简单地对某些行业征收更高额税收的手段。

预料到该模型将会遭到人们不符实际的批评——总有许多行业同时拥有法人与非法人的从业者——哈伯格争辩说,正如他在20世纪50年代中期的数据统计中发现的实证问题一样,大部分的行业都是这样,确实十分正确。具体说来,数据统计显示,大量证据表明不动产及农业部门大部分是非公司企业,而大多数其他主要行业里,公司占据主要地位(216—217)。因此,在论文模型中,公司税事实上是针对大多数工业行为征收特别税,而不对不动产与农业征税。

与此背景不同的是,最初有四类主体(dramatis personae)最终可能承担公司税:公司股东,所有的资本持有者,工人及消费者。然而,虽然哈伯格立刻将公司股东从潜在负税人的行列中排除了,如果认为公司股东既承担了公司层面的税收,又需要缴纳个人所得,公司股东即可被视为名义纳税人。哈伯格指出资本市场倾向于平等对待替代性投资的税后收益(215—216)。因此,假设所有的企业税前收益为10%,但是仅对法人企业征收20%的税收,因此公司的税后收益降至8%。投资者对此作出的合理反应是退出公司部门,从而增加了那些没有退出的投资者回报,他们会进入非公司部门,从而降低这些部门的回报水平直到与公司部门的税后回报率完全相等。达至均衡状态时,所有的投资者都将获得完全一样的税后收益。

这导致了其他三类群体可能潜在地承担公司税负。哈伯格接下来简明扼要地将消费者排除出可能的受害者行列。他指出,尽管由公司税收的每单位数量(其他一切都是相等的)计算出公司部门的消费物价要比非法人部

### 第四章 "老哈伯格"与"新哈伯格"的对比及公司税收的影响范围

门的高,如果不考虑税收引发的消费转换所导致的净损失效率成本,消费者可以通过在两种类型的部门产品之间转换的能力使自己整体上不会遭受损失。更偏爱价格较高的公司部门产品的消费者受到损失,更喜欢非公司部门低价产品的消费者获得了收益,但是消费者作为一个整体可以通过多消费某些产品少消费另一些产品达到亏盈相抵的目的(217—219)。

资本与劳动力的供应者因而作为税负影响斗争中的最后两类。这是《哈伯格1962》建立的模型真正意图处理的问题。他将所有的工业活动视为资本与劳动力共同应用所产生的成果,它是价值创造过程中相互区别的两种生产性投资。就其整体水平而言,两者都被假设税收弹性为零。从字面意义上来说,这表明可以对其中任何一方征收100%的税收而不影响供给数量,这对所有行业普遍适用。哈伯格意识到该假设可能受到置疑,尤其对资本供应方来说。如果储蓄收益被大幅征税,人们会不愿意储蓄并且投资更少吗?但他争辩说,经济数据支持这样的观点,即随着时间的推移,储蓄水平是有待清晰证明的正面税收反应(positive level of tax responsiveness)(216)。①

在储蓄为零税收弹性假设前提下,针对资本统一税负具有的累进性轮廓鲜明,尽管它是由有选择的假设而非通过实证分析得出的。若富人的储蓄水平不成比例,对资本征税无助于改善这一状况,反而会因为富人用降低储蓄对征税的总体行为反应而丧失累进性的效果。实际上,储蓄者最终承担了整个税负因为其不能也不愿逃避税收。

哈伯格绕开了用不令人满意的方法回答公司税收影响问题,不仅将非公司不动产及农业部门的资本投资视为免税,而且依赖于劳动力和资本在不同工业之间相互作用的精细细节作为双份生产力的投入。考虑到在公司与非公司部门之间转换的相对能力,公司税收影响取决于税收对每一种生产性投入税后回报的效力。

简言之,《哈伯格1962》对公司税收影响的依赖于比拉斯维加斯旅馆更

---

① 储蓄零税负弹性所暗示的理论解释是替代效应(因为回报减少储蓄降低)可能被收入效应(考虑到收入会被征税需要储蓄更多达到优先的财富水平)精确地抵销了(Harberger 1962,216)。这篇文章还注明相对于那些各居其位的税收立法而言,公司税可能不会简单地享有储蓄效应(216)。最后,该文探索了为了缓和公司税不会减少储蓄水平的假设的结论,它下结论说这"会导致我的所有结论的微小调整,资本可能几乎承担所有税收负担的全部"(236)。

微妙且更复杂的例子。不动产与农业部门的两个关键因素促成了最终的分析。其一是两个部门对运用劳动力与资本的生产性投入,它们之间具有位于平均数之下的替代弹性(234)。其二是两个部门的劳动力密集程度不如公司部门那么高,与资本份额及国内收入相比其雇佣的劳动力比例要小得多(231)。

事实上,在公司部门,增加一些工人替代机器相对容易些,而在不动产与农业部门,以额外的机器替代少部分工人的工作也颇为困难。因此,当公司税将资本逐出企业部门并进入不动产和农业部门时,劳动力整体上获益。公司部门现在比劳动力需求变少的不动产和农业部门(尽管其获得了额外的资本)需要更多的劳动力。由此工资水平潜在地面临着上升而不是下降的压力,哈伯格总结道,资本甚至可能最终承担了超过100%的全部公司税负。

这一结论尽管表明公司税收的影响具有累进性,我们对持肯定态度并不意味着《哈伯格1962》的研究建议,绝不是只要资本统一征税排除了政治因素就支持。相反地,通过在不同部门之间偏好投资的选择,公司税导致了"无谓损失"(Auerbach 2005,9)——更令人苦恼的是,无论储蓄水平固定的假设是否成立,若对所有的储蓄以更高但统一的税率征税,都将不会产生效率成本。你也可能想知道,随着时间推移其影响的市场弹性,考虑到《哈伯格1962》的研究建立在偶然性和理论上不可解释的观察上,这些观察是基于未知的原因,为了避免采用公司形式,对不同工业部门碰巧改变特征的劳动力供给进行探索的结果。

**哈伯格模型的评价**

尽管哈伯格模型技术上印象深刻,具有创造性、资源丰富的特质,但是它持续性的声誉折射了一种"人咬狗"现象,即为了让别人记住你,你得作出些惊人的发现。《哈伯格1962》的惊人之处并不是得出公司税的直接影响,就像名义影响一样,不是为了达到某个的迂回的结论,它依赖于不同经济部门生产性投入之间的独特关系,而确实由资本承担。

今天,接受该模型的问题始于对于为什么会采用公司形式未作解释,以

# 第四章 "老哈伯格"与"新哈伯格"的对比及公司税收的影响范围

及公司身份是否真的总是无法改变地受到税收惩罚。② 若不再讨论将经济实体未作解释地划分为公司与非公司工业部门,《哈伯格1962》的分析就不再适用,于是正好回到问题的出发点,需要再次提出公司税是什么并且究竟有什么用的问题。

近年来,该领域的研究已经试图集中于此点。例如,简·格拉韦勒(Jane Gravelle)和劳伦斯·科特利科夫(Laurence Kotlikoff)(1985,753—755)指出,在同一工业中有大量由公司与非公司企业联合生产的企业。相应地,他们假设公司地位受到税收惩罚,认为公司身份对于那些"规模非常大而且拥有为数众多的所有人的企业"来说是必要的(756)。那么,实际上公司税的作用是,为了对相对于小型企业的大企业生产进行惩罚。两位学者进一步精炼了观点,认为小企业的成功之处在于聘用了富有天分的企业家,当生产水平上升时,他们"比企业经理人效率更高,但是由于其管理投入是固定的,因而产出易受收益递减效应影响"(777)。

没有税收扭曲,模型中大、小企业之间的产量均衡将完全取决于小企业小规模生产的优越性与大企业享受规模经济的好处之间的平衡。但是公司税通过惩罚规模的方式抛弃了这种均衡。由此导致的诸多后果之中,它极大地增加了公司税造成的无谓损失,因为不仅仅是行业之间,而且行业内部的高度替代性生产也受到了影响(Gravelle and Kotlikoff 1993,514)。在该种公司税模型中,资本仍然承受了损失,但工人与公司经理人同样如此。事实上,企业家可以由公司税给其竞争对手造成的不利条件中获益,因而成为公司税分配性影响之下的唯一赢家(Gravelle and Kotlikoff 1989,766)。

可能的替代性模型实际上数不胜数,每一种模型都和公司税自身影响和效率有关。《哈伯格1962》研究中一个至今有效(并将永远有效)的关键性见解在于,一旦理解了将经济实体划分为公司与非公司生产的原因,这种划分的独特性特征就会对每种产出如何重新改组产生重大影响。然而,假设公司与非公司企业之间果真没有强烈深刻的差别,尽管如此,可能的税收利害关系依然存在。那么,假定扩及如哈伯格所主张的一般储蓄人,主要利

---

② 假如作为一个享受税收优惠的公司,由于某种原因这种优惠不会提供给农业和不动产部门,Harberger(1962)的分析将会被推翻,这暗示着资本会以劳动力为代价取得胜利,因为劳动力从其存在就被拉入到大工业,在那里劳动力占大部分并很容易被机器所代替。

害关系的要点可能在于,完全双重征税对某些投资的不公平对待。那么,最重要的税收影响问题——与哈伯格模型的分析相比,对于所有天生的显而易见性来说——可能简单地表现为储蓄和投资的税收弹性有多大。

若储蓄和投资对征税的反应是衰退的,这势必造成公司税的经济影响通过两种手段由储蓄者转嫁给工人。首先,由于此时资本的进一步短缺,供需法则将会使储蓄者的税前收益要求提高。其次,随着可用资本损失导致的投资减速,劳动生产率的提高也会更少,造成工人可以要求获取的工资下降。因此公司税可能无法具有累进性,通过《哈伯格1962》所提出的一种措施,储蓄没有弹性的假设已经完全排除在外。

恰巧,在类似基础上,哈伯格本人也于20世纪90年代早期判定自己开拓性的分析已经不再适用。不管世界现在是否是"平的",如托马斯·弗里德曼最近的畅销书中所言,和其他许多经济学家一样,哈伯格断定全球化已经根本性地改变了公司税的影响。

## 公司税影响的"新哈伯格"观点

《哈伯格1962》设想经济是封闭性的,或者在该经济体中的劳动力和资本无法用进入或逃离一定的税收管辖区的方式对类似公司税等刺激因素作出应对行为。然而,从那时开始,世界范围内的资本流动性已经变得前所未有地规模更大、重要性更强。这种变化表明,即使储蓄水平不再因为回应资本征税而意味深长地发生变动,在一个既定的税收管辖区范围内,比如一个国家,其投资总量也可能相应地发生重大改变。至少,由于国际资本完全的流动性,没有哪一个开放性的经济规模较小的(与整个世界经济相比)国家,不管它是通过开征一种统一税还是公司税,可以对任何资本单方面地强加任何税负。

### 小型,开放性经济的纲要

一个简单的图表可能有助于该场景的描述。在图4.1中,假设资本在世界范围内可以自由流动以寻求普遍的6.5%回报率。因此,在类似于X国的小型开放性经济实体中,所有投资至少获益6.5%,但仅限于那些投资

## 第四章 "老哈伯格"与"新哈伯格"的对比及公司税收的影响范围

所产生的收益率。同时,与全世界的资本市场相较而言,由于 X 国的税收制度所涉范围较窄,X 国无法影响现行的投资回报率。那些掌控劳动力抑或控制土地与自然资源使用权的地方资源所有者,假定其不能或者不愿意以迁出所在国的方式作为税后价格变化的反应,这反映了诸如家族、邻里关系以及语言等地方纽带的影响力。然而,地方投资者获取任何超过必需的 6.5% 比率的既定投资机遇的收益,因为若一个投资者要求更高的回报率时,总会有另一个投资者愿意接受现行世界范围内普遍回报率的投资者。

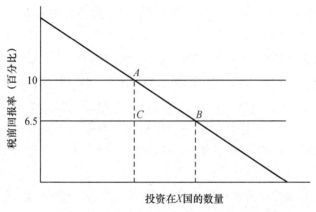

图表 4.1 小规模开放经济国内资本征税

若不对资本征收任何税收,投资总量如 B 点所示。图形中 6% 线以上至 B 点的左边所构成的整个三角形代表了地方资源所有者在向资本提供者支付了 6.5% 之后所累积的利润。但是,假设 X 国对资本供应者征收 35% 的税收(通过公司税的形式)。结果,为了能让这些资本供应者获得其投资于其他地方即很容易获得 6.5% 的税后收益率,现在 10% 的税前收益是必不可少的。

征收 35% 的公司税的后果是投资总量从 B 点下降到 A 点。公司税的影响完全落在了地方资源所有者的身上,它现在仅能获取 10% 线以上至 A 点左边区域所构成的三角形所代表的利润。由于其现在需要支付更高的利率,当图形中三角形 ABC 所代表的利润没有完全实现时(代表了税收的净损失)其失去了 6.5% 与 10% 线之间的矩形所代表的利润。

尽管资本提供者为 35% 税前利润实际向 X 国的财政部寄出税收支票

的人,但他/她却未承担任何公司税税负。毕竟,如果公司税不存在,它仍将赚取本应该获得的同样6.5%的税后收益。假设资本具有完全的供给弹性,它可以在任何可实现6.5%回报率的地方自由流动并避开无法获得6.5%回报率的地方,这使得公司税收的负担可以完全转嫁给地方资源所有者,而地方资源所有者被假定为坐拥一系列固定的可盈利投资机会。

### 美国公司税的应用

许多经济学家相信上述情形实质上到现在于涉及美国公司税方面完全保持不变。因此,近来的大多数研究发现"由于资本跨国界的流动,在开放性经济中,不可移动的要素(劳动力和/或者土地)承担了若不是全部也是大部分的公司税长期税负"(Gravelle and Smetters 2001,2)。近来对排名前列大学的经济学家所做的调查发现,平均估计来看,现在资本仅承担了40%的税收(Fuchs, Krueger and Poterba 1997)。哈伯格(1995)自己也已经强调指出,现在适用的是开放经济的情形,而不是在1962年所做的分析中那种封闭经济的情形。由此,他抛弃了"老哈伯格"所持的资本持有人承担公司税负的观点。

由小型开放性经济条件得出的结论——地方资源所有者,包括工人在内,承担了公司税税负——在理论上是无可争辩的,即如果全世界的替代性投资可以相互充分交换从而使得预期税后收益相同,如果未碰巧发生了劳动力与资本的混合(哈伯格1962年研究的风格),那么通过惊人地兜圈子,税收影响会如何脱离出去。

简·格拉韦勒(Jane Gravelle)与肯特·斯迈特斯(Kent Smetters)(2001, 2006)针对开放经济模型的完全适用提出了两项为限制必要的资本流动性而需要考虑的因素。其一"资本在世界范围内并不是自由流动的……这反映了各国之间的法律、会计、语言及文化方面的差异。特别是,投资者试图投资于在其所能理解的法律框架内熟悉的公司"(2006,15)。进一步来说,当国内和外国公司的跨国投资者不顾投资者母国在选择公司载体的偏见,而能创造完全资本流动时,实证主义研究文献表明,它的税收弹性也是有限的(21)。

其二,正如哈伯格1962年的研究所假设的那样,如果确实存在特定公

## 第四章 "老哈伯格"与"新哈伯格"的对比及公司税收的影响范围

司部门(比如制造业)和非公司部门(如农业),那么不同部门之间产品有限的相互替代性,以及各式各样的产品的跨境替代性的存在,同样可能会限制资本流动的弹性。在格拉韦勒—斯迈特斯模型(Gravelle-Smetters Model)中,即使公司税仅仅适用于全世界开放经济体中国内特定的工业部门,资本最终负担了美国公司税的长期税负。

相比之下,另外一些模型,倾向于认为税负大部分转嫁给劳动者的结果越直观,生产性投入的流动性越差。③ 此外,近来一些采用国际性数据探讨公司税率与工资水平关系的研究表明,劳动力可能确实相当大地承受了比资本更多的公司税负。④ 因此,尽管关于公司税收影响的争论一直持续不停并且不太可能很快得到最终解决,但确实出现了主张劳动力而非资本承担最多的税负的强烈趋势。

## 美国公司税的长期税负是否具有累进性会产生不同结果吗?

一旦我们研究了足够多阐释公司税收影响的经济模型,并开始意识到税收影响问题仍旧那么神秘莫测,我们会很自然地问,"那又怎样,我们真的有必要解决所有关于劳动力或者资本是否能够在农业和制造业之间更自由转换的问题,以便决定我们对公司税的看法,以及我们,若可以的话,应该采取什么措施来解决这些深奥的问题呢?"

对我们生活的真实世界具有无可避免的复杂性感到沮丧是很自然的事,当经济学家试图为研究公司税而建立模型时,这是他们面对的第一个令人发狂而提法不当的问题。然而,对于为什么我们真有必要理解公司税收的长期影响有一个简单的原因。当前的规则并非不可避免,并且对其进行重大修改的建议事实上已经提交考虑。我们面临的不仅仅是短期政治决策,比如对将在2011年终止15%的红利税我们该怎么应对,还包括涉及更广泛的关于税收体制应往何处去的策略性问题。

---

③ 开放经济模型中,主张将公司税大部分转移到劳动力的例子包括 Melvin(1982),Harberger(2008),以及 Randolph(2006)。

④ 参见 Hassett 和 Mathur(2006),Arulampalam,Devereux 和 Maffini(2007),Felix(2007),Gentry(2007),以及 Desai,Foley 和 Hines(2007)。

再次的，为目前公司税的结构设想出一个良好的理论基础非常困难，也许增加了累进性及其他要素，除非为达成统一目标，更直接的进路在政治上并不可行。更进一步来说，即便我们可以采用或者不采用当前的结构来达至同样水准的累进性，我们可能想知道究竟需要在别处做什么（若有的话）以使公司税改革保持分配中性——可以商榷的是，这是说服拥有不同分配偏好的团体联合起来支持改革的前提。

与此同时，即使对公司税收影响问题无法找到答案，生活还是会继续。确实，当左翼、右翼的政治团体准备为税收减免的到期终止相互争斗时，他们常常看起来并不为税收影响问题而烦恼。或者可能仅仅出于有限策略上的原因而集中关注长期影响的问题。譬如，"华盛顿环城路（Washington Beltway）内的政治'保守分子'有时更喜欢将全部的税收影响分配给资本，从而使得他们可以声称税法已经具有充分的累进性了"（Gravelle and Smetters 2006,1）。

真正的税收长期影响问题怎么会看起来如此没有政治牵引力，对此疑问所做解答的重要部分在于政治主要关乎短期运作。在此，关于变革的分配性后果的确没有模糊地带。就像突然且毫无预兆地取消税收优惠时，住宅所有者无疑将遭受损失那样（缺乏刻意留下的过渡期来减缓影响），公司股东无疑也从全面公司一体化的一夜成功中获益。在采纳令人惊讶的改革的前一天，股东们可以在缴纳股东层级的税收后而享受股票产生的分红报酬，这是以该假设为基础定价的。这天以后，公司股东突然可以获得免税的分红——这潜在地使得股价上扬，即使现在不分红。这是一种无需借助经济模型，而人人都能理解的分配性变化。⑤

对于公司股东来说，这种过渡收益的前景听起来不错，否则很难将其合理化为一种分配性政策。是否人们想使整个税收体系具有更多或更少的累进性，为什么仅仅因为某个团体成员碰巧在人们刚意识到法律即将变革时，获取一套既定资产，而会将财产交给这个负有争议却意外享有收益的既定团体呢？若过渡效应最明显——甚至也许是最大的——采纳公司一体化

---

⑤ 这可能有些夸大其词。有关影响问题的一个例子是人们需要运用经济模型来理解投资将会调整的速度，影响股票价格提升的比率（主要有利于持有股票的老年人转让时）来提升公司股票的税收收益（用股票所有权更长期的视野让年轻人受益）（参见 Auerbach 2005,13）。

## 第四章 "老哈伯格"与"新哈伯格"的对比及公司税收的影响范围

的分配结果,则我们是否应该采用现有公司税的问题,也许就不再是与政策相关的问题了。在某种程度上,这已成为无法改变的事实。相反,也许有人会争辩,若对于长期分配效应不了解并且不愿意支付过度意外报酬给任何人,政策制订者的主要问题应该是公司税的持续性效率效应是否重大到需要支持改革。

碰巧的是,该效率问题正好是笔者将在公司课税的经济文献进行考察的下一个大问题的核心内容。它是关于公司向股东分红征税产生结果的"老观点"与"新观点"之间的战争。

# 第五章　红利税的新老观点对比

如果对于美国公司课税来说，有一件事情似乎是显而易见的话，那就是通过征收红利税达到不鼓励公司分红的目的。这也许对公司经理人有好处，他们"更愿意拥有超越公司股东所主张最优水准之上留存公司盈利的优势"（Chetty and Saez 2007，2），但这似乎不利于其他主体，并且它与现行体制相左的效率情形中的重要部分。

明显正确的信念往往不会赋予特殊名字。例如，没有特别的专门术语来描述人们对早晨太阳总是会升起的信念。现在，公司税收文献对红利税不鼓励分红的观点确实命了名的事实让我们感到惊讶。此即"老观点"或者（更友好地称）"传统观点"。

## 新观点是什么，何以重要？

"新观点"——大约三十年前由三位主要的经济学家各自独立发现（参见 King 1977；Auerbach 1979；Bradford 1981）——严格且无可辩驳地证明了，在特定环境下，事实上红利税并没有抑制公司累积利润来支付红利，也没有抑制其尽早分红，而不是假设他们喜欢这么做，随后就这样做了。

对于世界上一个既定的国家来说，任何人都可以质疑新观点的适用性，但在识别任何对该"观点"更多质疑的前提下，人们不能对等边三角形中每一个内角都是 60 度这样的"观点"的真实性产生质疑。这一新观点，就像等边三角形定理一样，根据其假设陈述了一个逻辑上的必然后果。这不像那种相信今年的减税会促进经济增长的命题那样可以被证伪，新观点是同义反复的。更进一步来说，尽管会引起争论且随着时间流逝可能会有所改变，但新观点是一种至少与一些现实世界描述相关性的同义反复。除非在极少的环境下，比如在预先宣布红利税永久取消之前盛行的观点，新观点强有力地表明，实际看来，"分红的税收处理并不如传统观点认为的那样整体上是

第五章　红利税的新老观点对比

不利的。"(Andrews 2007, 1)。因而值得像检察官那样仔细检查新观点来考察公司税改革。

红利税若不鼓励分红又如何起到帮助作用呢？答案与必然性有关。若你是一个理性且有远见的人，你会仅仅试图去避免事实上可以避免的事情。若某事最终注定要发生，并且推迟它也不会缓和其带来的任何影响，那么你就坦然接受它，并且会花时间去操心其他事情。相应地，新观点的核心要点在于，若一个既定的税收无法避免，并且延期缴纳也不会减轻其影响，就纳税人动机而言，这是不相关的。

为进一步推进这一论点，新观点以一个统一的公司分配税的形式描述了一个假定的税收工具产生的后果。这是一种适用于所有公司向股东分配的固定税率税。假定单一税率适用于无论何时进行既定分红的情形——而随着时间变化没有法律变革。并且无论怎么进行分配它都有适用性——假定对红利与股份回购征税不存在差别。

事实上，并不存在这样的税种。实际的企业股息分配税随着时间变化，税率也频繁变化，并且区别对待股份回购与分红。此外，考虑到死亡时免税税基是递增的，股份回购可以被用来逃避所有股东层面的课税。因而新观点的描绘与事情的实际状况不相符合。然而，就算假设不完全正确，只要部分为真（或者可以使其如此），仍可能具有启发性。

统一分配税的假设包涵所有留存的公司利润最终都会被分配的观念，使得在特定时刻股东要承担股东层面税收责任。诚然，利润何时须被分配以及公司何时将会终止并不存在预定的日期。然而理论上，人们储蓄及累积财富（包括有价值的股票）的原因是最终消费掉它们，即使最后的日期——洛克菲勒家族所有的财富最终会被完全消费掉——似乎存在于将来许多代人之后。并且若我们愿意，而非假定所有的公司利润最终都将会被分配掉，相反，我们可以假设从股东的立场出发，以不分配利润来避税是没有用的——例如，为了得到属于自己的钱，宁愿缴纳公司股利分配税。事实可能正是如此，若红利税的税率是30%，则有权主张公司利润中的100美元的股东，考虑到提取公司基金的税收成本，其境遇还不如一个自己银行账户上存有70美元的个人。

股息分配税当然可以通过将未分配利润留存于公司中（corporate solution)的方式来推延分配。对于所得税筹划来说,最根本的理念是延期纳税一般会使纳税人受益。假设你在某个特定的时间需要向政府缴纳100美元的税收。推延一年纳税的话,若税后利率是6%,则税负的现行价值降低到94.3美元,这是今天将完整的100美元搁置在一个计息账户中一年的数值。或者,可以将一年期的递延纳税视为是以下两者的结合:(1)今天支付全额税款,(2)向政府借用一年期免利息的100美元。

既然延期纳税对于纳税人来说普遍有价值,那么为什么纳税人不延期支付股利分配税以减少支付份额呢? 如果他的确这样做了,则新观点判断失误,因为现行的(或至少加速的)税收体制确实不鼓励税收体系分配。公司股利分配情形下的延期与之后不久收入所得税背景下的延期分配,二者之间区别的关键在于,以从公司基金中获取现金的方式较早进行分配,阻碍随后的利润来应对公司层面的税收。

举例说明如下,设想有两个正在决定是现在还是一年后承担税负的纳税人。第一个人持有一份可增值的财产——一幅油画——税基为0且价值为100美元。第二个纳税人持有一份税基为0价值为100美元同时含有未分配公司利润的公司股票,且正在决定所有的利润现在分配还是一年以后。进一步来说,假设有一个税率为50%,对公司及股东的分红与资本收益课征的税收,并且适用于所有资产的年度税前收益率为10%。正如我们下面将看到的那样,在这些情形中,一年期的延期纳税使得第一个正决定何时出售油画的纳税人受益,但是第二个决定何时取得分红的纳税人却没有获益。

(a) 资产出售时间

(i) 现在出售——若现在以100美元出售油画,在缴纳税款后还剩50美元。若进行回报率为10%的投资,50美元将会在一年后增加到税前的55美元,或者税后的52.5美元。

(ii) 一年以后出售——一年后,油画将增值至110美元(考虑到10%的收益率),一旦售出的话将获得55美元。一年期的纳税递延因此最终增加了持有人的税后财富,尽管所有的所得现在都已被征税。

(b) 红利分配时间

(i) 现在分配——现在分配所有的公司利润将使纳税人在税后获得50美元。50美元将会在一年后增加到税前的55美元,或者税后的52.5美元。

## 第五章 红利税的新老观点对比

（ii）一年后分配——通过持有100美元的未分配利润一年，公司可以在税前获得额外的10美元，或者税后的5美元，使得利润达到105美元。将105美元完全分配给股东在支付了红利税后仅剩52.5美元。一年期的纳税递延最终对于股东的税后财富没有任何影响，同样是52.5美元。

不像第一个纳税人那样，延期纳税无法帮助第二个纳税人的理由是尽早分配公司利润有好处同时却也会产生成本。好处是使得其不必面临双重征税。今天支付100美元的未分配利润，尽管你马上就要为此缴纳税收，至少后续的收益仅会被征一次而不是两次税收。

换言之，延期纳税的好处精确地被最终产生公司拥有更多可供分配利润的损害抵销了。两者都是同一利率的产物。如果推迟今年的分红，税收会降低其现值的5%（税后利率），但可供分配的数量同时也增加了5%，那么股东等来的是一场空。

由此，股息分配税的新观点表明统一的股息分配税对于红利分配的时间没有影响。然而，即使在假设条件下，新观点的限制应牢牢记住。尽管存在一个统一的分配税，新观点也并未证明（甚或表明）公司利润分配的时间总体上无足轻重。例如，如果公司的税前回报率与提供给股东的回报率不同，当然应该让金钱留在任何可以获取更多利润的地方。同样，统一的分配税也不能确保其在公司利润分配时具有税收中性。如果公司与个人税率不同，股东就会有将金钱保留在税率更低所在的动机。然而无论哪种情况下，股息分配税，尽管对双重征税（考虑到公司层面的纳税）负责，它并不是用来设计锁定公司利润的，这与普适性的老观点的假设似乎正好相反。

**假如新观点的假设为真会如何呢？**

在评估新观点为什么重要时，我们可以从以下设问着手：如果新观点为真，将会带来什么？即，假设股份回购的课税待遇真的与分红别无二致，二者的税率都是采用一种永久固若磐石的单一固定税率，以及免税税基在股东死亡时开始递升的做法，至少对于股份公司股票来说已被取消。统一的股息分配税此时将会真正准备就位。这将会如何改变或者澄清我们对公司课税的看法呢？

在此情形下，公司税四种主要的扭曲作用（见第二章中所讨论的内容）

中的两种将会为之消除。正如新观点所证明的那样，分配和留存公司利润都不会再有税收的不公正待遇。① 同样，作为此种分析所假设的一个前提条件，红利支付与股份回购（或者按比例与不按比例的股份回购的对比）之间的区别也将随之消除。

诚然，公司税另外两种较大的扭曲作用仍然存在：公司与非公司实体的选择，债权与股权融资的选择。然而，这些扭曲事关如何作出新投资的选择。是否应该合并一个新企业呢？公司应该如何为新设的工厂融资？对于价值不菲的公司股票来说，答案已经赫然在目，然而，新观点表明公司税导致的扭曲已是既成事实。公司税的结构不影响（据新观点）是分配还是留存该股本价值的决策。

试想一下公司到底有多少净资产，利润分配时间的税收中性暗含着表面看来源于公司税的扭曲数量的大量减少。依据道琼斯威尔 5000 企业指数（Dow Jones Wilshire 5000 Corporate Index）这一著名测量工具的统计，所有公开交易美国公司的股本市值总额近来已大约高达 15 万亿美元。依老观点来看，所有这些净资产受到税收诱导而留存于公司基金中（corporate solution），即使它们原本可以在别处得到更多利润地运用。依据新观点，这并不存在问题。从社会的角度来说，公司资产可能由于其他类似于税收优惠或者不牢靠的公司治理这样的问题而被误用，但公司税的结构并不会引发此种问题。所以大部分的公司税改革的重要性，比如企业一体化的采纳，可能看起来突然小得多。

新观点蕴含的更深一层意义涉及公司股价与公司净资产的潜在价值之间的可能性关系。著名的托宾 q 值（对商数而言）方法描述了公司股票的市场价值与其资产重置价值之间的比率（参见 Tobin 1969）。因此，如果微软的市值（所有股份的价值）为 3300 亿，资产重置价值为 3000 亿美元，其托宾 q 值为 1.1。若它在没有任何资产变化的情况下市值跌至 2700 亿，其托宾 q 值将变为 0.9。托宾 q 值越低，说明给定的基础资产的经营状况越糟。

---

① 确实，在公司和股东层面不同边际税率可能会影响实践中股息红利分配的决定。然而，这不会成为公司分配的征税职能，但是有关公司和非公司投资以及债权和股权融资之间的税收偏好持续存在。即，当（其他条件相同时），在税率最低时人们想保留现金，这与金钱来源于公司还是股东无关，只是为了税收目的的收入分配问题。

第五章 红利税的新老观点对比

新观点对托宾 q 值的意义,同时也由此对股东的经济福利造成影响,最贴切的描述在于,假设公司股利分配不征税,q 值将总是恰好为 1.0——公司市场价值与资产的重置价值完全相等。假设情况的确如此,并且公司股利分配的统一税率为 35%。在此情形下,公司基金中 100 美元的净股本对于股东来说总是恰好价值 65 美元,因为这是在支付红利税后所能获取的全部数额。反过来,暗示着银行账户存款为 100 美元的公司股票,所有都来自于公司盈利,且没有资产或负债的售价刚好是 65 美元。托宾 q 值因此正好是 0.65。②

在此情形下,考虑到哈伯格模型以及其他学者探讨的公司税的行为反应问题,不论公司税的长期影响如何,有一点很明确:突如其来地一夜之间取消公司税,完全超出金融市场的预期,将会给股东带来巨额的意外收益。托宾 q 值将会从 0.65 急剧上升到 1.0。一个企业 100 美元的银行账户存款,之前由于每个人都以为分配税一直存在而仅仅价值 65 美元,若突然取消分配税的话将会价值 100 美元。

因此,在新观点看来,分配税的取消,考虑到以前的股份,从效率角度来说,不仅仅是毫无意义的,而且会引发巨大的看似反常的分配性后果。为什么我们想要给既存的公司股东带来巨大的意外之财呢?③ 仅对于新股份来说,在政策变革宣布之后进入公司税收体制之中,公司一体化将会从根本上带来积极影响。

新观点关注的最后一个含义在于公司治理。尽管公司治理可能很差,正如安然时代无数的丑闻所揭露的那样,但至少公司税收体制并未凭借锁定效应而使其变得更糟。然而这样的结论可能使人们想探知对公司经理人推动红利税(Bank 2003,514—515)以及继续偷偷地赞成红利税的征收(Arlen and Weiss 1995)的历史证据,以其作为从股东立场来看超出最优水平留存利润的借口。新观点,尽管承认基于假设性的体制而非实际上我们缴纳的红利税,它削弱了历史记录的证明力抑或表明众多的游戏玩家不适当地

---

② 更广泛地来说,在新观点下,如果托宾的 q 是 1.0,统一的分配税率 x 将会变成 1/(1-x)。
③ 在 Shaviro(2000b)书中,我建议我们在公司一体化时想要持有意外收益的原因之一是:即使在之前已经采用,在公司一体化之后也要减少鼓励对新公司股权征税来避免双重征税。然而,不利之处是对意外收益可能性的预期也许会提升公司收入的锁定效应,与新观点相反,股息分配税在目前书中的观点并不代表永远不变。

误解了红利税事实上的动机？并且，这是否反过来进一步暗示我们应如何思考公司课税及潜在的经济行为？

### 在没有统一的分配税的情况下为什么新观点很重要？

毫无疑问，如果新观点确实依赖于我们公司税收制度的准确描述，它将具有重大意义。但考虑到未征收统一的分配税，新观点是否仅仅是评估那些制度的富于幻想的迂回之路？答案是否定的——新观点的确关乎重大——基于以下三点理由：(1) 它所建立的分配税模型部分正确而并非完全错误，(2) 它从根本上让我们对分红课税的做法有着引人注目的重新定位，(3) 通过现有法律及人们预期的变化，我们可以认为新观点或多或少具有正确性。后文将具体探讨每一种理由。

### 部分为真

对经济模型持怀疑态度的人常常过于具有倾向性而说道，"你们的假设不是100%的正确，所以我们可以按与假设100%相左的方式行事。"这方面的一个例子是，通常市场竞争不充分，则所有关于市场满足消费者需求的能力的经济原由都可以被扔进垃圾桶。关于新观点，尽管我们事实上没有统一分配税，但是我们确实有了一个广泛使用的税收。对于具有普遍性盈利及股价普遍上升的公司，股东的分红无论在何时作出以及无论以哪种方式进行都将是可税的（不考虑恰好在股东死亡时免税税基递增后进行股份回购的特殊情况）。因此，正如新观点所假设的那样，股东真应该将今天要缴纳的分配税与将来要缴纳的进行比较，并牢记，如果按定期增长的利率对利润进行双重征税的话，那么延期纳税没有价值可言。

更进一步，在进行比较时，没有统一的分配税毕竟并不必然意味着具有某种程度的锁定效应。那将要求不仅未来的分配税要和现有的税收不同，而且税率要比以现在的价值调整方式计算的结果低。若股东死亡时免税税基不加速增长（及以股份回购方式的常规利用），几乎没有理由一般性地期望税收冲击效应随着时间推移总体减弱。原则上，税率可以上升也可以下降。当税率看起来要上升时，公司税收体制实际上可能鼓励尽早而不是以后进行红利分配,尽管这种情形可能与新观点税收中性的主张发生分歧,也与老观点的锁定效应主张直接冲突。

**改变我们的思维**

新观点告诉我们公司利润分配的激励效应并不取决于该分配是否可税,而取决于当前与可预期的将来税收之间的关系。设想一下,经由分红免税而采纳公司一体化的主张,以此作为一种不论分配时间而消除税收不公正待遇的方式。如果人们期望分红免税永久实施下去,它确实将产生这种效果(不考虑此时股份回购应如何征税的问题)。但这样的话,统一的税率也将会永久适用。征税时间的中立性源于税率的长期恒定,而不是0税率。没有长期预期的话,分红免税在其消失之前通过诱使人们突然最大程度地利用不寻常的低税率(用历史的术语来说)的方式,甚至可能削减了征税时间的中立性。

更普遍地,新观点有助于我们理解长期稳定的政策预期对公司利润分配激励作用的重要性。若不对新观点形成的原因进行解释,回转分配税则会使该观点的中立性结果特别不真实。例如,假设股息税的税率预期将随着时间流逝而任意变化,几乎没有规律或理由可言并且预期的可预测性有限。要不是一个与新观点相容的理由,此种情形可能最终导致锁定效应。如果税率一直变动,那么现今分配公司利润包含牺牲了等待未来某个不确定的时间更低税率的选择。

**影响有多么真实**

在任何时候,新观点关于统一股利分配税假设的准确性,都是一个经验性的问题。这不是世界的固有特点,而是政策制定者可以产生的实际影响。使新观点更可信或更不可信的一个方法是质问分红与股份回购的相对待遇,包括通过股东死亡时税基递增的间接影响。在任何既定时刻,新观点的真实与否可能也会受到导致政策稳定性更大或者更少预期的政治性经济因素的影响。

## 公开新观点模型的实证检验

尽管有理由认为新观点与税收政策思维相关,即使新观点目前并不依赖于对美国公司税收体制的精准描述,经济学家仍很自然地意图对其作实证性的验证。这需要将基本的恒真命题扩展为完全成熟并能实际预测的公司行为模型,而这些预测可以经受描述的准确性验证。

验证新观点模型具有潜在的价值:它可有助于增加我们对世界的认知。然而,问题是一个简单的如果—那么式的表述——如果开征统一的分配税,那么将产生怎样的后果——并不能立即产生可供验证的现实世界预测。也许由于这个原因,试图对新观点进行实证验证的经济学家已经使新观点背负了各式的几乎是真菌性的外壳(Fungal Incrustations),其中一些已被证伪,而其他与赋予新观点分析性力量的核心恒真命题内容没有关系。

以下是新观点在这些模型与实证分析中获得的典型特征:

(a)视新观点为假设抑或甚至预测股份回购的不存在,且只有分红被用来向股东分配利润(美国财政部1992,267;Gordon & Dietz 2007,8)。承认这样的假设需要新观点的完全支持,考虑到两种分配类型不同的税收规则,然而将明显错误的事情称作新观点的预测,几乎是近乎荒谬的(Andrews 2007,6)。

(b)新观点也被视为假设支付当前的或稳定的红利不会带来非税利益,比如向资本市场确保公司经营良好(美国财政部1992,267)。这种假设可能使得对一个界定清晰的新观点模型的检验变得更容易,因为可以推测随着时间而改变的非税利益,可能使分配方式以及随着时间变化的托宾q值的股价贴现行为变得复杂。然而,为什么我们对于未来预期的公司股利分配税影响当前分配政策的理解会陷入明显孩子般天真的假设中去?

(c)在某种模型中,新观点表面上同样假设公司经理人忠诚地服务于股东,而不是试图促进实现他们的目的(美国财政部1992,523)。与上文同样的反对理由也适用此处。

(d)一旦我们假设分红支付的方式与公司价值不相关,并因此与高尚无私的经理人不相关,就可以很自然地假定经理人将只是剩余利益索取人,

# 第五章 红利税的新老观点对比

使公司每年的超额利润与意图投资的数量相等。考虑到利润的易变性,对于投资模式的绝对与相对性来说,这似乎会引发实证上可被证伪的预测,预计公司红利支付将是易变的而不是相对稳定(Gordan & Dietz 2007,8)。

(e)典型新观点模型假设公司运用留存利润对新投资融资,而不是犹如老观点模型中假设的,以发行新股来进行新投资(Chetty & Saez,1)。该种假设有助于增加新观点所强调问题表面上的重要性,因为用留存利润投资的替代做法是将其分配,而对何时进行利润分配的税收中性程度将是一个关键的考虑因素。相比之下,新老观点都意识到新股发行对投资者的吸引力将会被缴纳双重税收的预期削弱。然而,再一次地,很难看出我们几乎采用统一的股利分配税的问题与公司碰巧从哪里获得投资资金的问题,为何两个问题应该纠缠在一起。

进一步将实证检验复杂化,他们常常试图既对老观点也对新观点下定义,以至于两类对抗性的预测可以拿来作比较。然而,老观点究竟意指为何?若非只是无法认识到新观点关于统一的股利分配税的核心洞见,那么可以推断它意味着断言,假如今年支付可税红利的替代性措施是永不再支付红利税,那么适用适当的税率将会带来锁定效应。该种主张与新观点关于统一分配税的论证一样,在逻辑上各方面都是完美无瑕的(虽然不那么令人吃惊以及违反直觉)。然而,再一次地,构建完整的、易于检验的模型的强烈要求已促使添加了对两种观点之间真正区别分析的模糊性特征。

老观点对未来分配税预期的假设使得当前的红利支付无法解释——因为,从税收筹划的立场分析,这很疯狂——除非与非税利益相伴随,它可能涉及最大化股份价值抑或管理层的自我交易。所以明显正确的要点在于,企业的分红政策可能对股价或者管理层的自身利益的追求融入老观点模型中去产生影响,虽然对于每一种理论来说逻辑上都是一致的。

这种安排自然对老观点进行实证检验起到了帮助作用,因为它与对外部事实的现实主义假设相伴随,且只能起到帮助作用。也许我们不应感到惊讶,那么,根据一些观察家的观点,实证证据的砝码的确加在了支持老观点这一边(美国财政部 1992,269)。然而,另外一些观察家发现新观点更具说服力,至少在某些特定的情形下(Auerbach & Hassett 2005)。

即使对于模型的构建没有外在的偏见,也不应该设想实证工作能够,如某些观察家希望的那样,在任何恒定的或永久性的意义上解决关于未来分红税中哪一种假设更具适用性的争议(美国财政部 1992,268)。相互竞争的各种假设之间的相对真实性取决于,在任何既定的时间点上,对公司分配的实践与信念的通行表述。今天更真实的情况可能明天正好相反,不管是由于实践中出现的变革抑或对于未来分红税税率的市场预期变化。

## 公司分红重要么?

既然老观点与新观点是关于分红课税的理论,这可能使人疑惑为什么公开上市交易的公司实际支付红利事关重大。事实上,对于新观点的真实性来说这是无关紧要的,因为该观点表明统一分配税的激励作用所陈述的同义反复在任何场合下都是真实的。然而,理论关切的是为什么公司支付红利对评价公司分红的时间以及形式偏离税收中性的实际效率后果至关重要。

如果公司经理人完全为了股东的利益行事,而非在无法完全观察的情况下推动个人自利目标的实现,没有税收偏见的情况下,分配决策完全取决于资金在何处可以得到利润最大化的应用。公司倾向于留存资金可以进行获得更高回报率的投资,而不是直接分配给股东,尽管将资金分配给股东会得到更好地运用。在这种代理成本为 0 的情形下,源于公司税收体系中征收统一的分红税的失败而产生的锁定效应,在某些情况下,使得公司留存原有股东可以更好地加以运用的资金变得合乎情理。同样地,受到税收优待的股份回购可能促使公司倾向于回购股份而不是分红,即使股份回购交易成本更高,或顶多与分红的成本持平。

将现实世界中的公司治理添加到模型中去,需要对效率分析的内容进行再次访问。公司治理问题最明显的直接含义在于,它增加了不开征统一分红税的效率成本。扩张疆域的经理人热衷于留存多余资金准备尽可能利用锁定效应作为规避应税分配的借口,尽管股东可在缴纳分红税后获益。同样地,正如第二章中所指出的那样,享受到更多税收优待的股份回购给予经理人利用这种融资工具从公众投资者那里利用股价内部信息盈利的代价作为借口(Fried 2005,1328)。

## 第五章　红利税的新老观点对比

然而,此处的分析是否可能遗漏了一些东西?如果股份回购既受到税收优待又使经理人获益,那么与支付红利相比,历史上并未更频繁地使用股份回购,这使其变得更加神秘。也许有一种行为上的解释,比如股东不喜欢不得不对是否意欲转让股份作出决定,预测到(由于厌恶损失)他们后来后悔自己猜错了股价的走向多于享受正确猜测带来的快乐(Shefrin & Statman 1984)。然而,许多经济学家下结论道,由于代理成本对锁定效用如何影响分红决策所做的效率分析比开始看起来更为复杂。

特别是,许多"信号"理论认为,支付红利的公司是高质量公司,将支付红利视为是对此信息可信赖的表达,因而对股价施加了向上的压力。可靠的高质量信号的本质是吓跑了"说大话的人"。任何公司都可以声称自己是高质量的,因为谣言是很低廉的。但是如果你不得不通过作出行动来支持自己的主张,如果你的公司事实上又很差,这将付出更多的代价,那时说谎者将被过滤出局,高质量的信号可能实际发挥作用(Spence 1974)。一个信号的成功在于其创造了独立的均衡,并且仅仅高质量的讲真话的人可以从运用该信号产生的均衡中获益,而不是创造了一个使每个人(或没有任何人)都能获益的合并均衡(a pooling equilibrium)。

为什么支付红利标志着高质量的可靠性?一种解释是因为投资者对削减常规的分红水平会作出负面反应,确定一个高水平的支付比率可靠地标志着投资者期待未来有足够的盈利维持红利的支付(Joos & Plesko 2004, 2)。第二种解释是通过削减手头的现金,如果经理人需要筹措更多资金,分红表明了其诉诸资本市场约束的意愿(Easterbrook 1984)。然而,也许最具煽动性的分红信号理论认为支付红利的真正浪费在于,从税收立场来看,是什么使得其成为公司质量的可靠标志。此即分红的"烧钱"理论,最早由道格拉斯·伯恩汉姆(Douglas Bernheim)提出(1991)。

也许一些类比可以有助于从直观上更好地理解该理论。一些人认为,美国之所以在数十年之久的冷战中打败苏联,是通过将军事开支提高到苏联认为必须与其相称的水平,尽管这对两个经济体都很浪费,但只有美国承担得起。或者假设,富人为了彰显其地位而进行一些挥霍性的、炫耀性的消费,而他们知道其他人模仿不起他们。以上都是些经典的烧钱理论。

烧钱理论(或与其相当的)的变形理论表明,即使没有任何一个参与者理解该理论，它也可以发挥作用，试想一下雄孔雀尾巴的进化之谜，一方面尾巴降低了身体的灵活性，同时对于捕食者来说又更显眼（Ridley 1993，148）。为什么雄孔雀会进化出这样的尾巴，或者说雌孔雀进化成偏爱具有尾巴长成这样的雄孔雀？盛行的解释是，只有优秀的雄性可以以足够的比率生存下来，以大而鲜艳的尾巴掩饰自身的缺陷。一旦雌性"了解到"这一点，长有漂亮尾巴但笨拙的雄孔雀通过生育更多的后代来补偿其减少的生存比率。

为免使人认为这需要雌孔雀太多的聪明才智，事实上该理论没有要求雌孔雀理解为什么它们偏好更爱卖弄的雄性。尽管雄孔雀身体上有缺陷，但是只要这些雄孔雀真正在基因上比其竞争者更优秀，自然选择将会盲目支持并且自动选择它们的雌孔雀。回到分红与烧钱理论，这是支持该理论潜在可行性的重要论点，因为对偏爱高分红公司投资者的调查不大可能说明他们对糟糕税收筹划的浪费印象深刻。

应用于分红时，烧钱理论认为，只有高质量的公司可以为投资者提供长期且足够的金融回报，尽管由于引发了大规模的双重纳税而浪费了很多金钱。投资者在认知上正（人们希望）变得比雌孔雀更高级，久而久之将相信分红多的公司通常是优秀公司。或者，至少，经验不会劝阻他们相信该观点，虽然一开始投资者基于幼稚的理由或者出于直接持有现金的不耐烦心理而接纳了该观点。

烧钱理论从根本上改造了锁定效应表面上的效率影响。若由于统一的分红税使得即时的支付红利终究不受到税收的阻碍，该理论就土崩瓦解了。如果接受该理论不会产生成本，就不会使人拥有一种有效的鉴别信号。然而，这意味着，在新观点的条件下，企业丧失了通过行为活动向投资者传达准确可靠的信息从而增加资本市场效率的机制，尽管从其立场来说，这种活动是浪费的，但在社会层面这仅是一种转移，因为增加了政府税收。一言以蔽之，在分红的烧钱理论之下，强制征收一种可规避的分红税所带来的锁定效应是"潜在的帕累托改进"（potentially Pareto-improving）（Bernheim & Redding 2001,466）——它可以使社会上的每一个人境遇变好。唯一的局限是，正如孔雀尾巴也有一个最适宜的大小，超过该最合适大小，生存成本将超过交配选择的收益，所以来自分红税的锁定效应增大到某种程度也会变得过度。

第五章 红利税的新老观点对比

由于另一类的分红信号理论(dividend-signaling theories)是建立在征税成本而非增加的税收责任的基础上,它们可以通过使当前支付红利行为呈税收中性而非税收阻碍(tax discouraged)而得以生存。然而,即使在那些理论之下,分红课税带来的锁定效应也能增加分红信号影响股价的效率(Bernheim & Wantz 1995,533)。因此,另一类理论可以将烧钱理论作为对以下这一惊人推论的理论支撑,即锁定效应可能事实上是有好处的,并且在最低限度上,锁定效应不像其表面上看起来坏处那么大。然而,即使在数十年的研究之后,分红信号理论的实证说服力仍然有待验证(参见,例如,Skinner 2003)。

## 公司课税新旧观点争论的涵义及其可能的改革

如果有足够强烈的愿望让其如此,那么我们将可能生活在一个新观点而非旧观点的世界中。相反,除非分红信号理论具有足够的分量,统一的分红税可以避免的锁定效应,增加了公司税的效率成本。新观点表明双重征税的扭曲影响可以被限定在新股的范围内,而非同时扩展至当前市价约为15万亿美元的老股权。

使新观点更真实的最直接情形有赖于惯常对税收中性的效率争论。然而,经理人留存超额利润的偏好可能表明,若有的话,我们应该试图鼓励而非阻碍当前公司利润的分配。因此,产生锁定效应的当前规则正好依赖于错误的方向,可能比通常情形税收中性表明的更糟。另一方面,分红信号理论,尤其是分红烧钱理论,表明既有的公司税,通过创造某些锁定效应,尽管明显有偶然性,可能趋近于达到正确的边缘。

若接受新观点关于使税收在支付红利的形式与时间点呈中性的情形,则通过企业一体化来消除双重征税不仅丧失了某些重要性,而且可能肯定会变成一个坏主意。若人们期望通过未来的立法彻底消除红利税的话,现行法律下的锁定效应可能会有所增加。那么最理想的改革计划最好是更注重保持红利税税率的长期稳定,而不是取消红利税。这样的改革努力也可以着重于减少分红与股份回购之间税收待遇的差异,比如通过消除股东死亡时免税税基递增的方式来达到这一目标。

# 第六章　债权与股权：折中理论与米勒均衡

资本融资理论（capital finance theory）考察的是，最理想的状况及事实上企业该如何来为自身的投资融资。企业运用的金融工具种类在术语方面可以无穷多——例如，正面可以说可变性，反面就是风险，相对于其他权利的优先性，强制实施的手段及对投票权的影响有关。然而，考虑到标准的债权与股权形式有史以来普遍存在，与之相随的是法律规则（在税法与其他法律中）竭尽可能地将各类金融工具硬塞进这两种分类的做法持续流行，许多资本融资理论都致力于解决企业应该及实际上如何在债权与股权融资间进行选择。每一种金融工具通常都为此目的而设计，以具备所属类型的所有标准特征。由此，债权的回报是固定的，具有优先受偿性，享有扩及破产时的强制执行权利，没有表决权；而股权与上述每一点都相反（例如，参见 Harris & Raviv 1991, 350）。

如后文分析，对资本融资理论及公司税收理论来说尤其重要的是，金融工具的现实世界比这样的分类更加复杂多变，并且长此以往将愈发如此。然而，既然经典的债权与股权仍然是资本市场重要的基本组成部分，我们现在可以接受传统的双峰观点，即债权与股权这两类金融工具，而不是以特别的方式集合而成的潜在特性，它们是世界上最基本的的融资亚原子粒子。

## 资本结构与莫迪哥里阿尼—米勒定理

资本融资理论开始成为通常拥有实践背景的人而非主要从事理论研究的经济学家的论域，以及那些对企业应该与实际上如何在债权与股权融资之间选择提出准则的人的论域。早期理论家的神圣使命是发现最优的资本结构，或者对于一个给定的企业来说，刚好能校准到最大化股权价值的债权与股权之间的混合结构。这种分析建立在企业应最小化资本成本的观点之上，还有一个 U 型曲线图，起初下降然后随着负债系数，或者债权融资百分

# 第六章　债权与股权:折中理论与米勒均衡

比的增加而上升(Melnyk 1970,332)。U 型曲线的假设以下述见解为基础,即投资者开始时更偏爱债权融资,因为它可以优先受偿,但是在某一点,即当债权系数上升至一个安全水平之上时,投资者开始担心债权发生违约的前景。

紧接着,理论经济学家以一个比我们现在健康意识薄弱的那个时代的精辟类比对此观点进行了攻击:

> 在完美的市场环境下,奶农通常不能通过撇去牛奶中的乳脂并分别出售的方式赚得比其出售牛奶更多,即使每单位重量的乳脂比整体牛奶卖得还要贵。撇去乳脂而非仅仅出售整份牛奶所享有的好处仅仅是虚幻的;出售高价的乳脂所获的收益将会因出售低价稀薄的剩余牛奶而丧失(Modigliani and Miller 1958,279)。

换言之,如果将债权比喻为奶油的话,因为享有优先受偿的权利,那么它从在先的第一个美元开始就"抽稀"了股权,如果基于债权系数上升时资本成本呈 U 型的最优资本结构的观点被认可,那么需要在此模型加上一些附加的要素。

现代资本融资理论开端于一篇由弗兰克·莫迪哥里阿尼(Franco Modigliani)和莫顿·米勒(Merton Miller)(1958)撰写的直接反对传统最优资本结构观点的著名文章,或不管怎样传统观点都需要有差别地且更精确地证明其合理性。莫迪哥里阿尼与米勒的研究表明,在一个有效的市场里,忽略税收、破产成本及不对称信息(比如公司经理人对公司前景的内部知悉),一个企业的价值不受如何融资的影响。

他们精密的数学论证,一个被证明在金融经济学中具有高度影响力的举措,建立在套利机会的基础之上,如果企业价值偏离了其资本结构不相关原则的要求,套利机会就会出现。因此,在乳脂与牛奶的例子中,如果轻微稀薄的牛奶与原奶的售价同等,理论上高级套利者可以"买空"原奶(同意购买)并"卖空"轻微稀薄的牛奶(同意出售),一旦他们从购买的牛奶中撇走容许的数量,则他们没有净现金支出而仅保留一点免费的乳脂。如果他们出售提炼的乳脂,将使其赚到钱,吸引越来越多的人利用此机会直到消除稀薄牛奶相对价格的错误定价。

解释莫迪哥里阿尼—米勒定理的另一个直观的方式是设问,"一个企业的价值是什么?"毫无疑问,一个企业的价值是它可以创造的净现金流的预期价值,利用其可用资本与其他资源,以及为应对任何风险的出现及其重要性而需要调整的价值。一个企业的资本结构仅决定了其净现金流(以及有关的风险)将会如何在提供资本的各方之间进行分配。因此,它仅仅分配价值,而不是直接影响价值。类似地,设想有一份大披萨,假定我们能够达成一致的是每一份的尺寸大小都相同,而不管柜台上的那个人将其切成8块楔形的或者12块几乎都是长方形的小块。

莫迪哥里阿尼—米勒定理的重要性很容易遭致误解。在影响企业价值的意义上,它并未表明(或者宣称要)选择债权还是股权来融资无关紧要。相反,该定理表明了为了使债权—股权的选择事关重要,我们需要检视哪里。特别是,该定理将注意力引向了它特意排除的问题——税收,破产成本及信息不对称——作为股本结构相关性的潜在来源。莫迪哥里阿尼与米勒因此进一步开展了关于企业价值如何以及为何可能最终会受到债权与股权应用的相对份额影响的后续性研究。

## 从 MM 定理到折中理论

一旦莫迪哥里阿尼与米勒改造了资本融资理论,如果有一点从一开始就很清楚,那就是债权—股权的选择从税收立场来看是无关紧要的。考虑到公司投资股权融资的双重征税,与公司投资债权融资的单一税收相比,有人可能会认为百分之百采用债权融资的方式是此模型下的最优选择。考虑到如此明显的违反事实性,这种推断令人不安。为解释与该理论表面上的指示相背离的现实,莫迪哥里阿尼与米勒(1963,442)提出一个一般性的"保持灵活性的必要……通过公司保留未触及的借款力量而保持"。分析家发现这并不能令人信服,并着手为解释采用股权方式融资寻找资力更雄厚的补偿金,尽管其存在明显的税收劣势。在此理论下,这些可能不得不与破产成本或者不对称信息相关。

破产成本可能首先出现在解释不顾税收劣势而仍采用股权方式融资的最广为人知的理论之中。在通常被称作的交换理论下,债权融资方式的不利之处在于,如果公司对债权持有人违约,就会引发破产程序,这浪费了有

## 第六章 债权与股权：折中理论与米勒均衡

价值的资源（Kraus and Litzenberger 1973）。相比之下，当股权持有人得不到预期的回报时，尽管他后悔万分，但至少可以避免与破产程序相伴的资源浪费。因此，应预期一个公司会持续发行债券，它通过利息扣除方式竖立起一面对抗公司层面所得税义务的"税收之盾"，但是会引发持续上升的破产风险，直到资本结构平衡变成负数——直到由发行额外一美元的债券所导致的预期破产边际成本增加超过了节约的边际税收。

依据此观点，税收的效率成本支持债权融资而非股权融资是显而易见的。莫迪哥里阿尼—米勒的资本结构不相关原则，若非经过修改其中理论分析遗漏的因素，可能表明以哪种方式融资确实无关紧要。若债权—股权的选择微不足道，那么税收偏爱债权而非股权方式，并不比支持印刷在蓝色纸张上而不是灰色纸张上的金融工具带来更多社会成本。但是资本结构平衡理论表明税收偏好待遇很重要，因为它促使公司在寻求税收优惠的过程中承担过度的社会破产成本。

解释采用股权方式的另一个突出的理论，是在考虑不对称信息的基础上，确定一种代理成本领域内的交换。迈克尔·詹森（Michael Jensen）与威廉·麦克林（William Meckling）（1976）首先指出在设法解决特殊刺激问题可能导致糟糕的商业选择动机时，债权与股权方式互有优点。经理人与股东会形成利益冲突，前者"未从提高利润的活动中获得全部收益，但它事实上却承担了这些活动的所有成本"（Harris and Raviv 1991, 300）。与此同时，当经理人将公司资源转移到自己口袋中，并为自身利益从事企业集团的构建时，却获得所有的收益并仅仅承担一部分成本。[①] 采用债权方式可以通过避免进一步稀释经理人对剩余利润的诉求来解决这种利益冲突。

第二种利益冲突存在于股东与债权人之间。前者可以从选择高风险的"正面我们赢，反面你们输"的巨大商业利润投资项目中获益，股东可获得所有的超额利润，但坏处是，这可能导致公司的破产。股权发行可以避免这个问题，因为提供新资金的人正用他们的资金购买到与动筹帷幄之人同样的财务地位（301）。

缓和哪一种利益冲突的选择促使公司寻找新资本来面对平衡问题。缓

---

[①] 这是一个信息对称问题，因为假如经理的行为能够为股东全面观察，他们就不能逃脱任何责任。

和任何一种都会使另一种利益冲突加剧。代理成本折中理论,正如我后面称呼的那样,因而它并不像破产折中理论的推断,后者认为股权通常比债权更好,却将税收考虑放在一边。相反,该理论表明,每一种融资方式都有用武之地。若债权与股权方式任何一种都传达了边际收益下降的信息,对要解决的代理成本而言,随着采用方式的增加,对于任一给定的公司,债权—股权混合刚好可以达到最理想的平衡,预期价值因此也达至最高。寻求新资本的公司将会有动力寻求这种最优状态,因为可以推断,投资者总共愿意支付的数量取决于预期自身最终回报因不良刺激的浪费而削减的数额。

尽管这两种平衡理论之间存在某种差异,但它们都指出了支持债权融资的税收偏好待遇将导致无效率。在代理平衡理论中,问题在于过度使用债权方式将导致两种相互竞争的边际成本之间无法达至适当的平衡。若均衡刚好达到时,尽管经理人将更少欺骗股东,但会促使股东更多地欺骗债权人,因为它带来的社会收益将超过社会损失。

第三种广为人知的资本金融理论是优序融资理论(pecking order theory),在实证上该理论的推断较为棘手,它认为(税收不予考虑)债权方式通常比股权更好,考虑到明显的税收不公正待遇,使得采用股权融资方式更难以理解。该理论认为即使是真正有价值的项目,公司也可能在融资时遇到困难,因为外部人或许有正当理由担心内部人寻求资金支持,并有理由去夸大可能的利润率(Myers and Majluf 1984)。这产生了偏好金融资源的"优序等级",资金成本越高,越多的人必须因这种担心而得到补偿。内部资金是最好的,因为(忽略经理人—股东间的利益冲突)提供资金的人,就本身而言,掌握了最多的可利用信息。紧跟其后的是低风险债权,因为它只在发生违约的特殊情况下才依赖于投资的质量。股权是最差的,因为它完全依靠公司的业绩——似乎表明,与事实相反的是,只有内部人才会采用这种方式。② 因此,为使该理论发挥作用,"需要外在的债务约束"(Harris and Raviv 1991,306)。为评估税收对运用债权方式的鼓励作用,我们必须进一步了解这种债务约束的功能,但无论如何,融资顺位理论在实证检验中表现较差

---

② 高度风险负债,例如有着高额固定利息的垃圾债券,固定利率存在长期不偿还的机会,从公司的行为来看更像股权性质。即使这样,也没有理由证明,在优序融资理论下,用经典股权完全可变的有利回报代替垃圾债券的名义固定回报。

# 第六章 债权与股权：折中理论与米勒均衡

（例如，参见 Frank and Goyal 2003）。

那么信号理论将债权发行视为对债务发行人具有优质品质而值得信赖的信息表达，因此允许他们对发行的金融工具要价更高。债权可以在两方面标志着发行者本身的质量很高。首先，表明公司内部人不担心公司的破产，这对内部人来说可能非常糟糕——例如，经理人可能丢掉工作与信誉。其次，它表明内部人不愿意与外部人共享各种多变的利好信息，宁愿仅为外部人提供市场利率（Harris and Raviv 1991,311）。无论哪种情况下，劣质公司比优质公司的信号成本更高，这导致了它们分别达至均衡的可能性，或者至少在发行与真实质量之间促成了某种重大的正相关性。

然而信号理论比优序融资理论更容易与存在明显税收劣势却更普遍的股权融资方式的现实世界达成一致，就像很难测算税收不公正待遇导致的效率成本一样。可以推断，如果债权方式受到税收偏爱的话，可能每个人都会更多地采用债权融资。然而，利益攸关的问题是，在将税收制度的拇指按在天平上时，信号如何有效地起到将麦子从麦草中分离的作用，当信号不存在时情况正好相反，这很难从抽象上辨别。尽管税收偏好债权方式通常使信号看起来变弱，它有争议地增加了优质公司债权融资方式的相对吸引力，与可预期扣减其利息支出相比，预期未来更可能产生收益。

通观目前所讨论的内容，普遍的假设是税收制度不利于股权，公司如何构建资本结构的合理解释必须充分解释为什么如此频繁地采用股权融资。在破产折中理论中，可能最杰出的理论，税收不公正待遇的假说不仅是一种重要的背景事实，而且事实上也是模型的一部分。因此若此种假说不足信就会产生巨大的差异。

尽管这方面的大量文献仍在发表，默顿·米勒重新进入了理论交锋的阵地并提出了精确的建议。他争辩道，毕竟债权融资方式并不受税收偏爱，并且实际上资本结构不相关性原则可以进一步扩展从而将税收包括进模型中去。正如下文分析，他对于思考当代公司税收制度改革的重要性论述超过了他在资本融资文献中的接受程度。

## 米勒均衡

米勒于1977年在美国金融协会的会长演说中，发动了支持资本融资结构不相关性的煽动性反击。他集中讨论了破产折中理论——那时该理论最为发达,直到今天可能仍然最著名,并试图超越 MM 定理中限定性假设。米勒似乎并未将折中理论视为向其合著的模型中添加现实特征,从而推动理论向前发展,相反却视该理论为不足信的,它是最优公司负债系数的传统分析之倒退式复兴(Miller 1977,262)。

似乎发现折中理论不受欢迎之外,米勒认为实证上该理论在两个关键方面存在不足。其一,如果该理论为真,债权—股权的比率似乎并未像应该的那样,随着边际税率发生历史性变化。在最近数十年里,"公司税率已增长了 5 倍——从 20 世纪 20 年代的 10%、11% 增长到 20 世纪 50 年代的 52%"(264)。如果税率比原来提高 5 倍,那么税收中每一美元的利息扣减也应比之前节约 5 倍。如果公司以杠杆式借贷来使利润免受公司税的影响,直到达至最后一美元的节税边际收益恰好等于所增加的破产风险产生的边际成本,那么应该预期到,20 世纪 50 年代比 20 年代的杠杆式借贷更多,但是记录似乎并未显示如此(或者发生如同在另外时期时所预测的反应)。

其二,表面上与节税相交换的企业预期破产成本似乎太小,以至于难以解释现行的债权—股权比率。因此,已有研究发现,破产的直接成本平均大约是登记企业资产价值的 1%,该价值也相当于企业破产登记的 7 年前的价值(263)。甚至不仅记住间接的破产成本,而且要记住大部分企业从未进入破产程序,这一成本似乎太低以至于难以解释当企业可以为增加的每一美元利息开支节税 30 到 50 美分时,企业的借贷杠杆率为什么没有上升(根据边际利率)。

考虑到折中理论家声称似乎完全不同重量级的两大部分正相互达到均衡,米勒提出,它"看起来令人怀疑,就像传说中马兔炖汤的菜谱一样——一匹马和一只兔子"(264)。他从这种异常现象中归纳指出,"债权融资的税收优势实质上肯定比传统思维所认为的要小"(266)。为了解释为什么可能会这样,他基于三种简化的假设提出了解释的理由:(1)债券是无风险的,提供无违约机会的固定回报,(2)股东在个人层面不缴纳,(3)投资者面临的累进性边际税率范围涵盖了公司税率的范围(268)。因此,假设投资者的税率要么为 0 要么为 40%,然而公司税率却达到 30%。

## 第六章 债权与股权：折中理论与米勒均衡

在这些情况下，债权与股权之间唯一重大的区别在于，债权融资获得的收入以投资者的税率征税，而股权融资的收入却以公司税率征税。因为在预知的图景中不会有风险，债权可以支付与投资收益完全相等的利息。因此，出于税收目的，通过在公司层面采用利息扣减的方式，可以将债权融资所得归零，但是会在投资者层面以完全可征税的利息所得重新出现。与此同时，股权融资所得在公司层面是完全可税的，但在投资者层面决不会作为可征税所得重新出现。

隐含的税收筹划之意是很明显的：面临 0 边际税率的投资者将通过债权方式投资于公司，因此尽管通过一个可税的实体投资，但保护了投资者低税率的运用。对于面临 40% 税率的纳税人来说，情况仍然更好。他们不用只是保护其他可适用的税收地位，可通过用公司更低的边际税率代替他们自己的边际税率的方式来改善它。

此模型中债权与股权融资同样都没有风险（或者说股票没有投票权）。如果公司收益是特定的，债权与股权都可以设计成精确地得到偿付。因此，在此模型的假设之下，米勒的观点与新观点在其与众不同的（以及确实前后不一致的）假设中一样，都是无可辩驳地正确。所以若我们想问，为什么米勒的观点会被证伪，唯一的可能性就是其核心假设无法足够准确地描述公司税的实际情况。换言之，风险必须很重要，因为它可以潜在地解释债权—股权融资方式的选择，或者也许投票权才是重要的，要不然就是规避第二层税收的困难。或者也许是模型中排除出去的一些因素增加了重大的复杂性——特别是，要么是破产成本（尽管他争辩说这些成本很低）要么是代理成本交易，他认识到这一点但是没有强调它（262）。

米勒强调了公司融资而不是模型的税收政策内涵，这反映了他的专业兴趣。尤其是，他指出将公司部门看做一个整体，它暗含了一个来自于税率高于而不是低于公司税率的投资者作出的美元相对投资基础上的债务比率均衡（从此，它经常被称为"米勒均衡"）。然而，没有哪一个个体公司拥有最优的债务比率。债务杠杆率较低的企业会挑选处于较高税收等级的投资者，而债务杠杆率较高的企业偏爱免税的投资者，但客户群都是一样的，所以企业价值不会受到企业债权与股权融资选择的影响（269）。

在公司金融的文献中，米勒的理论并未进展得特别出色。由于描述性的问题,该理论很难与常常拥有较大股份的免税养老基金,或者投资者通常混合债权与股权投资组合的事实相协调。此外,并未举出证据表明整个债权—股权比率会随着投资者客户群的相对大小,缴纳比公司税率更高或者更少的税收而波动,就像米勒模型预测的那样,尤其是,广泛的股权持有很难解释最高的公司税率何时会等于或超过普遍适用于个人税率,就像当前情况一样。然而,作为一个探索税收政策的模型,米勒的观点,正如下文所见,其应用显然颇有前途。

## 米勒均衡与税收政策

从税收政策的立场来看,米勒的观点表明了我们对公司课税思维的一个重大转变。相对于只对公司所有所得马上课税,它并非将美国税制视为投资者的负担,我们应该视其为——在适用双重课税可以被规避的范围内——使投资者受益的东西。由于债权—股权的差异,公司税的作用是提供一个根据哪一个税率更低来进行以个人的税率或者以公司税率纳税的选择。③

作为一个通行规则,纳税人的选择对税收体制来说是个坏主意。若纳税人对纳税选择的反应是通过耗费资源来决定哪一种选择将使其可以缴纳最低数量的税收,那么可能我们得到的就是更少的财政收入与更多的资源浪费两者最不合理的结合。④ 通常情况下,我们认为额外的不效率性是获得更多而不是更少财政收入,这是无法避免的副产品。

此外,如果基于合理理由选择其他可用税率结构,那么允许纳税人通过运用公司股权投资来退出高税率多半是反常的。因此,假设国会为个人制定了40%的最高边际税率,却为公司仅仅设立了30%的税率,也许这是为了使美国公司税率可与其他国家保持竞争优势。没有第二个层次的纳税威胁,运用股权投资可以使处在最高纳税级别的纳税人避免按预期的40%的

---

③ 虽然未对米勒观点的详细描述,在之前提到过公司税收结构可选择性要素,参见 Stiglitz (1973)。

④ 纳税人选择可能减少资源浪费,然而,假如纳税人选择使他们将来的管理和遵从成本最小化,而不是将纳税义务最小化。在实践中,通常很难分辨一因素促使纳税人作出选择。在债权与股权相对立的情况下,然而,很难看出管理和遵从成本非常复杂的原因所在。

## 第六章 债权与股权:折中理论与米勒均衡

税率纳税,这对偏爱名义税率结构的人来说可能不是件好事(如果不偏好名义税率结构,那么直接设置30%的最高税率可能更受欢迎,以使公司实体选择或者债权与股权融资方式的选择不受牵连)。

既然纳税人选择并不明确,相反取决于融资工具的选择,那么会产生潜在的成本。成本的大小取决于以下因素间的相互作用(1)税收体制如何鉴别债权与股权,(2)纳税人与其相对人,比如公司以及其他投资者,希望融资工具具备什么样的经济特征。正如我们在第三章中所讨论的那样,尤其是如果他们乐于在中间某处操纵程序时纳税人享有大量的适用税收规则的选择权。纳税人将其偏爱的经济形式与税收标签结合起来的做法越容易,他们选择的有效性越大,因而事情的形势就越应该像米勒所指出的那样,纳税人可以获得他们想要的标签,采用债权或者股权的形式,但若需要为其更改偏爱的经济形式至少花费一点成本,这种偏离其原来所偏爱的经济形式所花费的成本无异于进行更好选择所需的费用。然而,不像真正的现金费用那样,更改喜欢的经济形式涉及无谓损失,而不是让渡给了政府。

因此,米勒观点中的相关性不仅仅取决于纳税人规避(或至少最小化)第二层次税收的能力,而且取决于其自由地达到某种非税目标的能力,即一个既定的融资工具被税收体制定性为债权还是股权。正如分红课税的新观点那样,米勒观点的真实与相关性程度并不是一个不受时间限制的历史常数,它可能随着时间而改变。米勒观点越正确,改变公司课税从而将债权与股权平等对待的重要性越大,就像反对在公司兼并方案中强调其他因素(比如双重税收)一样,人们也可以通过强化或者弱化股东层面税收或者将债权与股权区别开来的税收规则的方式来直接影响米勒观点的正确程度。然而,与新观点假设下的情况相对照,从税收政策立场来说,考虑到纳税人无条件的选择所引发的问题,使米勒观点完全正确似乎不是一个好主意。

米勒观点所进一步涉及的税收政策内涵在于,与哈伯格式的公司税收影响分析间的相互影响。可信的是,若与其他商业活动的征税相比,公司税实质上是负效应(或者一种补贴),那么第四章的分析将不会发生变化。因此,米勒的观点可能暗示着资本持有人在"老哈伯格"模型下俘获了债券—股票选择产生的收益,然而在"新哈伯格"模型下,工人获取了大部分的收益。若美国公司税收的负担宣称要落在资本头上,这显然是一个讽刺性的结果,因此通过双重公司税协助了劳动力,但相反使得税负与受益及影响问题向后倒退,终究促使其产生了预期的分配性结果。

# 第三部分  内  容

　　有争论认为,国际税收这个术语用词不当,只有国家及分支机构可以征税,而非国际社会本身征税。然而在实践中,该术语却被广为接受。一个给定国家的国际税收规则,比如美国,是关于如何对本国居民的境外投资以及外国居民的境内投资征税。境外投资的问题在于当前或者最后本国应对何种外国收入所得征税,以及如何应对别国针对该所得征税。而境内投资的问题在于本国对外国人应该在多大的范围内征税。

　　20年前,不管是在公司税实践还是在政策决策范围上,国际税收都是一个莫须有的专业。今天,这已改变:国际税收已经成为主流。境内外的资本流动非常普遍,比如,公司的融资交易往往包括一个或者两个。类似地,在政策世界中,跨境资本流动的税收已经成为公司税这样一幅大型画卷中不可忽略的一部分。当美国跨国公司的对外投资登上中心舞台时,似乎本国的问题,比如美国公司税率应为多少,很大程度上都取决于国际情况。因此这部分将讨论,首先第七章,美国国际税收规则基础以及它们的理由和主要效果,然后第八章探讨设计这些税收规则所面临的两难困境。

# 第七章 美国国际税收规则基础

绝大多数人如果参加一个围坐式的婚宴并被服务员问及是要鱼还是肉时,都会考虑到,如果回答两者都要是很不礼貌的,然而很多国家在设计国际税收规则的时候从来不会感到羞怯。面对两种主张税收管辖权的理由都成立的情况,事实上他们通常会回答"两者都要"。重复征税引发的问题,加上青睐于只对一个国家纳税的困难,形成了令人吃惊的国际税收中的多种政策困境,美国的税收规则恰好提供了这样的范例。

## 美国国际税收的多重要素

坚定地处于(至少形式上)"鱼肉兼得"的阵营中,美国意图对居民在全世界范围内的所得征税,同时还包括外国居民在美国的所得。对于每个人而言,美国居民界定的基础是拥有公民的合法地位和永久居民,或者两者中的任意一个以及在美国居住的时间。显然这样的界定方法不适用于公司,因此,如果它们在美国注册,通常指在美国的州注册,它们就会被看做美国公民(最常见的是特拉华州)。以这样绝无仅有的公司注册地为重点,使美国和别国相比显得有点异常,因为别国不管是取代还是另设,通常都依赖于公司的管理地或者主要经营管理地(Ault and Arnold 2004,349—350)。

**美国公司课税**

理论上,美国公司应按照一年间全世界的所得纳税,但实践中,它们可以获得一种税收优惠,这被称为它们外国子公司全部外国所得的延期纳税。进一步解释,当一个美国公司打算在国外经营,它有两种选择,一是简单地在国外设立一个普遍被称作"外国分支机构"的办事处,尽管它并未与本国公司正式分开。第二种选择实际上是在国外建立一个新公司,其大概是作为美国母公司的合资子公司,子公司的作用不同于分公司,在美国(或者其他国家)大型跨国公司盛行,这反映了子公司的法律优势——比如本国公司破产时子公司承担有限责任。①

外国子公司而非分公司的国外所得的延期纳税完全合法与正式,外国分支机构并非都可以以任何方式合法地与本国总公司分离开来。因此,美国总公司巴黎分支机构所得的应纳税额不低于任何纽约或者迈阿密分支机构的应纳税额。相比之下,由于子公司是一个独立的法人,它的所得并非母公司的所得,即使母公司持有全部股份,并且分支机构地位的差别可忽略不计。如果子公司盈利,理论上说来,母公司的股票也有可能升值,资产增值一般对纳税人而言不会产生任何的税务后果,除非经济收益视为股票或者股息这样的交易所得。

1962年,肯尼迪政府认识到外国子公司(受控外国公司,或者CFCs)更像分支机构,因此提议结束延期纳税,并且将它们的当前所得包含于美国母公司中。美国跨国公司强烈反对,并且辩解说,它们与那些不用纳税的外国公司的竞争力明显受到了不利影响。这样的争论最终得到了一个折中解决方式,延期纳税大体上被保留,但是必须遵循一个重要的例外,这样的保留和精确结构至今仍有争议。目前,美国公司的受控公司的"第F子项目所得"(为《国内税收法典》中新规则命名)在一个新的技术范围内应纳税。②

第F子项目所得的规则很复杂,但总地来说,应纳税所得分为两类,第一类是被动所得,如资产组合所产生的利息、股息,与美国公司管理的活跃业务相区别的业务所得。第二类是反映涉嫌从事外国活动避税的共同主题下分离的项目设置。举例来说,比如作为第F子项目所得的"外国基地公司销售所得"的课税规则。③

因为外国公司销售规则中的具体技术细节远远超过本书的范围,一些基本概念在美国国际税收政策的争论中普遍存在并有争议,所以在此将做有序且简短的描述。假设一个美国生产商(聪明公司)想在欧洲出售美国生

---

① 这是有关大型银行跨国公司采用分公司的一大例外,这些银行普遍面临法律和管制障碍从而运用子公司和普遍利用外国分支机构进行经营活动。

② 正式来讲,F子节导致美国母公司的外国子公司的所得被看作股息红利,它们将作为真正的股息一样征税。之后计算在内的股息支出被看作投资于外国子公司,增加了美国母公司再次被征税的同样的股票税基。

③ 参见《国内税收法典》第954(d)节。

# 第七章 美国国际税收规则基础

产的产品(比如,小装饰品),但是它希望尽可能少地缴纳欧洲税,所以它在一个低税率的欧洲国家设立了一个子公司,比如说在卢森堡,以一种价格从聪明公司处买到小装饰品,转售给类似于德国和法国这样的高税率国家的大量虚构的附属子公司。进一步说,假设卢森堡子公司(卢森堡公司)相对于拥有员工和业务的实体公司来说,更多地存在于理论中,结果便是由于公司集团官方账本的掩饰而看起来很难获得盈利。

作为预留,那些从聪明公司与卢森堡公司以及卢森堡公司到其他欧洲隶属公司的公司间交易价格被称为"转让定价"。它们表面看来就像交易中买者对卖者支付的价格,但是转让定价(被定义为)涉及买卖双方所共同拥有,它们除了税负后果之外,对自己的交易方往往是一种经济上完全漠视的状态。可以肯定的是,报告上的转让价格会受到美国政府或者外国政府税务机关的挑战,理由是它们与被认可之双方公平交易的"真实"转让价格存在区别。转让定价的操纵会导致关联方所得的不适当转移,很可能将所得确定于低税负国家而非高税负的国家。

卢森堡计划如果成功的话,将是最好的欧洲税收计划。聪明公司的非美国应纳税所得额将会转移,从德国、法国转移到税率更低的卢森堡。德国和法国可能令人信服地挑战这一作法,针对德、法税收目的的跨欧洲销售,而使该转让定价落空,但在实践中这似乎是不可能的。即使美国政府经常面临挑战,报告公司内部转让定价这样严峻的时刻,但其他国家的税务机关却很难做到这一点。

然而在外国基地公司的销售规则下,仅仅由于交易结构并且未经过欧洲转让定价的任何调查,卢森堡公司从出售美国资产到其他国家附属机构所获得的利润,目前被视为其美国母公司聪明公司的利润而为应纳税额,确切地说,类似于卢森堡公司迅速将钱作为股息转回本国公司。如果聪明公司得到很好地忠告,可能的结果是,它甚至一开始就不会试图交易(又或者另寻方法逃避适用外国基地公司的销售规则)。既然直接税收会消除净税收利益,与之相适应,禁止成功地规避F子条款,其结果可能是聪明公司与该规则不存在相比,在欧洲还要缴更多的税,并且仍然保留为了美国税收目的的延期纳税的全部利益。我们稍后将会回到本章中为何美国选择强制执行这一条规则的问题上,假设该方案具有合理性,只有欧洲的税务机关最终从该税务征收中直接受益。

**外国人美国来源地所得课税**

除了对美国公司的全球收入延迟征税,美国也对外国公司来源于美国的收入(连同个人所得)征税。通常,尽管界定不同的跨境要素时有重大的区别,外国公司在美国的商业行为与美国公司在同类行为缴纳同样的税。对于在美国的被动所得,比如美国公司支付的利息、股息,外国人将面临从美国支付人处扣缴的30%的总预提税,这样的预提税作为美国所得税的替代品,其总所得不能有任何扣除,该观点认为外国公司所得税很难征税。然而大量国家都与美国签有税务条约,因此两个签约国都将免除对方居民的预提税,依靠利用和有效扩展条约税收免除以及其他多样性的操纵手段的税收筹划等税收领域达成了广泛的共识。根据税收联合委员会委员长爱德华·克莱巴德(Edward Kleinbard)的观点,"目前只有愚蠢的人才会支付股息的预提税"(Young 2007,1111)。

总地来说,美国税收规则在对外国人的美国来源地所得征税时面临一个基本的挑战,即界定所得来源的困难,就像关于像公司这样的法律实体一样,很难给"居民"界定内涵,因此"来源"是一个接近于"没有哪里哪里"的边缘想法(如杰初德·斯丹(Gertrude Stein)在加利福尼亚州奥克兰的著名论述)。假设我完全在美国执行服务并且完全为了美国的消费者,那么很容易得出结论,服务所得必然是美国来源地所得。然而不但来源的真实情况很难辨别,甚至什么来源地也不清楚,情况一下就会变得更加复杂。我们在第一章已经认识到"所得"在经济上定义为纳税人的消费加上净资产的变化(Simons 1938,50),这里没有对所得来源地作出经济学上确定且简单定义。

在深刻的经济意义下,考虑到缺乏任何基本活动都会与之相关,因此消极所得很难安置在税收体系的任何地方。因此,假设我挣得利息所得表面是在开曼群岛,通过一个在那里注册的银行并且保持拥有一个开曼的邮政信箱。从理论上来说,人们会认为我存储在这个银行的资金一定会被借款人在其他某个地方使用(由于银行是通过贷款利率的差别来获利)。然而,金钱是可以替代的,而且这样我们无法真正指明我们的资金是在哪里使用,除非我们密切关注任意可操作的现金流动细节。

## 第七章 美国国际税收规则基础

由于缺乏一个更好的方法,美国税收规则基本建立于付款人住所地的消极所得来源基础之上。因此,由美国公司支付利息和股息,但是基本不由外国公司支付,即便那些公司由美国个人或者机构全部或部分拥有,而被视为美国来源地所得。④ 不论这有多么随意,人们可能会想,美国来源地所得至少在希望持有一些特别的美国公司的债券或者股票的情况下是很难避免的。然而,我们将在第九章看到,金融创新使不触犯美国规则且拥有在美国公司投资股份的经济等效性变得更加容易。

人们也可能会认为商务所得相比于消极所得更易获取,至少它们是由人们实际真实的居住地的活动而产生,这可能在一定程度上是正确的,但一旦伴随着高服从性和高管理成本下避免税务筹划的较大机遇时,它将会变得不够正确。基本问题又回到了转让定价以及美国国内收入署审查报告中转让定价所依赖的公平交易标准。假设一家法国公司合并了一家美国公司,获得了联合利润的增长,这是由于企业合并后共享管理方法、资金,获得宝贵的无形财产,比如商品名称等,所带来的协力优势造成的。具体说来,假设两公司之前每年分别挣得1000万美元,但是现在一年总的可以挣得2500万美元,多出来的500万美元被称为合并中得到的"协同收入",但是这笔协同收入的来源地是哪里——美国还是法国?

官方报告表明收入所在地将取决于法国和美国公司之间的转让定价,以及为了创造共同利益而拨出的经费,比如融资费用和总公司的费用。但是考虑到它反映的是两者的协同组合,究竟是在哪里产生,这不是一个可以回答的问题。

尽管在分配这额外的500万美元时,两公司的行政人员在与对方进行公平交易时,却无法知晓这些谈判产生何种结果。进一步来说,这样的讨价还价,与包括跨国公司的现代经济理论不一致,而这些理论将大公司的存在理解为核心原理。罗纳德·科斯(Ronald Coase)(1937)在著名的文章《企业的性质》中首先提出公司产生经济产品,而非通过合同双方公平交易关系,它在一个分层的环境中组织生产,比在一个价格环境下更有效率。进一步说,在一个真实案例中,而不只是协同收入的特定范围,甚至讨价还价的范

---

④ 然而,在特定环境下,主要在美国运营的外国公司利息和股息支出被看作来源于美国的收入。

围都不清晰。例如,某法国公司在美国建立了一个子公司,与上述例子中同先前存在的公司合并截然不同;这里没有办法分辨出美国公司作为一个独立实体能够盈利多少。

无形资产在现代经济生产迅速崛起中的重要性使得辨别所得来源变得更加困难,比如专利以及所有的生产技术。无形价值在哪里产生的问题,比如专业技术或者专利发展所产生的问题会难于回答在哪里进行工厂货配的问题。因此作为价值创造来源的确定从实有资产到无形资产的转变,使得所得来源的税收制度工作更加艰难。

### 外国税收优惠规则

居民国税收和来源国税收均存在,这不仅发生在美国,还有世界的许多国家,产生了涉及那些仅在一个国家运营的跨境企业由于潜在征税过重而举步维艰的现象。因此,假如美国征 35% 的公司所得税,而澳大利亚征收 25% 的公司所得税,这些税率同时适用于居民国全球所得以及外国公司在本国境内所得中的两种情况。此外,考虑到税收减少了公司的利润,当对本国公司的对外投资纳税时,假设任何一个国家对向别国纳税补偿的调整方法是抵扣已缴税款。最后,假设在每个权限之下的美国公司和澳大利亚公司的税前利润是 100 美元,税前,公司的所得如下:

| 公司 | 来源地 | |
|---|---|---|
| | 美国 | 澳大利亚 |
| 美国公司 | 100 美元 | 100 美元 |
| 澳大利亚公司 | 100 美元 | 100 美元 |

然后税收,它们将保持如下:

| 公司 | 来源地 | |
|---|---|---|
| | 美国 | 澳大利亚 |
| 美国公司 | 65 美元 | 48.75 美元 |
| 澳大利亚公司 | 48.75 美元 | 75 美元 |

无疑在这样的情况下,跨境投资受到严厉的惩罚,最有可能的结果是对美国和澳大利亚都造成经济损害。因此,对于美国公司,它在本国面对的 35% 的税率以及在澳大利亚面对 51.25% 税率之间的差距将会使它更加倾

# 第七章 美国国际税收规则基础

向于本国投资,尽管税前公司具有在澳大利亚获得更多利润的可能性。相类似的是,外国公司在一个国家特定的投资可能远比本国公司投资获利多,但是仍然不会停止在本国投资,除非税前收益的差别大到能够超过跨境投资巨大的税务惩罚。进一步来说,这样的处罚结果并非源自每个国家单独做一件事——对每个纳税人确定一个相同的税率,对这些纳税人没有任何歧视,而是源自两国间所得重复税基的来源管辖权以及居民管辖权的相互影响。

对于双重征税问题,很多国家发展出了两种主要的解决方法,第一种是对本国居民的外国来源地所得豁免,因此朝着完全来源地基础的体系发展,这不会对外国税收重复征税,除非两国声明以相同的所得作为本国来源。在这个总体方向上,美国通过提供延期纳税作出了有争议性的行为,尽管一个美国公司把境外所得遣返回国时,免除纳税即中止(或者拥有 F 子条款的所得)。第二种应对方法是对本国居民境外投资所得付给外国的应纳税款实行税收优惠,这是美国更广泛采用的方法。

税收优惠是由可信贷款费用引起的纳税义务中美元对美元的减少,因此,通过全部的外国税收抵免,如果你在国外纳税 30 美元,你在本国的纳税义务将会减少 30 美元。实际上,纳税人取回了全部支付国外税收的钱。当然,这仅仅发生于实际在美国已纳税的外国来源地所得——任何人关于延期纳税所产生的未征税收入,目前都不能主张外国税收抵免。

如果美国公司和澳大利亚公司都提供了无限制的外国税收抵免,那么最后的美国公司和澳大利亚公司的税后记录如下:

| 公司 | 来源地 | |
| --- | --- | --- |
| | 美国 | 澳大利亚 |
| 美国公司 | 65 美元 | 65 美元 |
| 澳大利亚公司 | 75 美元 | 75 美元 |

美国注意到,美国公司所得 100 美元且在澳大利亚纳税 25 美元,建立于美国的税率基础之上若计算出所得 35 美元的税务账单,减去外国税收抵免的 25 美元,可以征税 10 美元。同时澳大利亚决定澳大利亚公司应该支付美国来源地所得 25 美元税款,考虑到 35 美元的外国税收抵免,澳大利亚应当做什么呢?如果提供无限的外国税收抵免,它实际上要向澳大利亚公司支付 10 美元,完全从自己的口袋里掏钱去弥补美国的高税率。

实践中,没有国家允许慷慨地运用外国税收抵免,相反,授信国家,包括美国,基本会按外国来源地所得对征收本国税收抵免采取数量限制。在上述例子中,澳大利亚实际应该做的是(美国在同样的情况下应该做的)只允许25美元的税收抵免,弥补已经征收的25美元的澳大利亚税款,而不会再多抵扣一分钱。外国税收抵免剩余的(无用的)10美元将保留于账本中,用于潜在地抵销外国来源地所得另一年的国内纳税义务。

所以,最后真正的图景是——忽略了澳大利亚公司对超额抵免的潜在用途——美国、澳大利亚税后的最终情况如下:

| 公司 | 来源地 | |
| --- | --- | --- |
| | 美国 | 澳大利亚 |
| 美国公司 | 65美元 | 65美元 |
| 澳大利亚公司 | 65美元 | 75美元 |

最后需要牢记的一点是,跨国公司作出了巨大的努力——通过各种外国税收抵免条款不完全地阻挡——"交叉抵免"(cross crediting)或者找到从一套境外投资对抗国内税收义务而运用超额抵扣的途径(净抵扣),该税收抵扣用其他方法保留在相关投资中。因此,假设澳大利亚公司也在一个相关的低税率国家投资,比如新加坡,利润是100美元并且缴纳15美元的本地税,如果这项投资是独立的,澳大利亚公司在新加坡税收抵免的净额结算后,应对本国承担纳税义务,需要缴纳10美元的澳大利亚税,但是通过和美国配对投资,澳大利亚公司完全遵从外国税收抵免限制,总的来说,如果外国来源地所得是200美元,外国税收抵免总计为50美元。

## 为什么以居住地为基础对全球所得课税?

既然国家税收中很多问题反映了属人和属地主义对所得同时征税,然后尝试协调两者的关系,那么值得提出这样的问题,即每一种体系基础下的征税理由是什么。从全球居民地纳税开始,它的情况是有说服力的,实际上在压倒一切的边缘上。如果我们忽略实体层面税收,比如说公司税,并且设想一个全部所得税都直接强加于个人的世界,在这种情况下,分配政策以及对效率的关注将强烈指明居民应该对全球所有的所得纳税。

从分配的角度来说,税收体制是建立在所得作为衡量物质性福利的综合性标准之上,其目的就是确定向政府缴税的负担应如何分配。随总收入变化的边际税率是这篇文章中的一个重要部分,累进税主要源于可适用逐步增加的边际税率,或者那些随所得增加而产生税率上涨。如果未包括个人的外国来源地所得在内,那么税收政策的中心目标将不能适当地完成。因此,回想之前美国和澳大利亚的例子,对美国所得税(1)直接落到持有美国公司股票的个人身上,而非在实体层面上征税(2)对高收入个人维持35%的税率。在这些情况下,未能对美国个人的外国来源地所得征税,可能阻止美国预期的边际税率结构的有效实施。

从效率的角度来看,当税收具有一成不变的特征,税收通常引起的损害最小,以至于人们无法以改变其行为来避税的方式替代税收收入的净损失。对个人来说,即使在全球化的时代,至少在诸如美国这样的大国,居民决策保留相对的敏感性。人们的文化、语言、家庭、社会和职业之间的联系太强大,以至于受到税收刺激而移居国外的现象无法保持普遍性。相反,投资可以轻易地四处流动,但是在全球居住地为基础的税制下并无区别。以居住地为基础的税制忽略了税收来源,因此如果对个人直接征税将有重要的效率优势。

对于实体层级税收,即公司税,对全球采用居住地为基础的税收情况将会显著减弱。甚至偏好在母国进行投资组合——也就是说,人们打算在自己的国家不成比例地投资于证券上——在分配上会有相当大程度的损失。假设我们知道了公司税的影响,我们可能希望适用这样的税率,该税率反映国内分配时考虑到母国公司(以及母国投资者)的全球所得。然而,公司税没有必要与我们尝试的非直接适用的个人税率相一致,除非所有股东处于相同的边际税率的等级(对公司适用这样的税率时能使得事情完全正确)。

从效率的角度看,与全球居民地基础课税类似,对于公司征税会比对个人直接征税效果差。公司所在地并不必然固定不变,实质上,它有由于管理者的转移而非自愿转移的潜在可能性。然而,辨别集中管理真正发生地是很困难的。许多国家致力于这样的一个试验,它转变成了一个更加形式主义的问题,预先采取操纵性行为,将理事会年会召开的地方作为管理地(Ault and Arnold 2004,350)。毋庸多言,即使对那些不想离开的管理者来说,在开曼岛有数不清的奢华酒店以及整个北半球都是冬季这里却每天平均温度80华氏度的地方,安排理事会年会也并非是一件多么困难的事情。

美国税法依赖公司注册地决定公司的住所,使得公司住所在税收上甚至变得更易受控制。几年前,有一个关于公司反转交易(corporate inversion transaction)的巨大美国政治争论,在该交易中,美国跨国公司的母公司自己却作为,比如说,一个新建的开曼公司的子公司,同时也停止直接控制集团的外国子公司。负面宣传迫使一些公司取消了它们的转换计划,而其他计划也被前置性的反转换立法所阻止。然而,对于前期已可预期的正确计划的新公司来说,逃避美国居民身份不是特别困难。可以明确的是,它意味着不受国内公司法管辖,比如特拉华州以及公司所在州的法律管辖。这可能会增加获得法律咨询的花费或者使对美国公司法律制度更加适应的投资者感到不安困惑。如果立法者及其助手能够明辨本国和外国公司,它可能会有效地影响游说国会的能力。但是随着全球资本市场的持续一体化,越来越多的公司在国外组建新公司变得更加容易,潜在成本也不断减少,这样的公司数量会持续增加。

以美国公司为例,对其潜在的全球所得征公司税的效率优势之一在于,它可以消除美国公司以国外投资取代本国投资的诱因,或者在追求低税率时,将跨境经营所得视为外国来源。然而,由于这里的效率问题相当复杂,我将它们放在第八章讨论。

## 为什么允许延迟外国子公司的国外所得?

延期纳税很难直接防守。它潜在地阻碍美国公司将所得遣返回国,同时使得资金在国外运用从而使其获得更多利润,在实践中这类税收极易规避。多年来公司创造出不同的税收筹划技巧给予他们丰富的实践经验来接触潜在资金,尽管交易成本是正面的,不需要对美国母公司支付股息或者采取任何的其他应税的实现形式(Altshuler and Grubert 2001,26)。根据最近的一项评估,每年遣返回国的税收仅仅增加50亿美元的税收,与预估的1000亿遣返回国的税基相比是一个非常低的产出(Grubert and Mutti 2001,21)。总地来说,观察者通常认同这样的观点:与收入的增加相比,"它的效率成本极高"(Blumenthal and Slemrod 1996,48)——从效率角度来看几乎就

# 第七章　美国国际税收规则基础

是一个恶税的定义。

消除将遣税回国作为应税事件对待的问题，其替代问题是什么，最明显的可能性包括（1）不考虑遣税回国情况，对美国公司的全球所得征税，（2）排除美国公司外国来源地所得的美国税。然而，与税收政策专家彼此间的高智商一样，这些处于两极截然相反的选择从政治上来说没有一个可以凌驾于其他选择之上。所以延期纳税作为一种妥协方式或者停火方式被坚决保留，即使正好相反的两个选择中任何一个都胜过我们现在所使用的那一个好。

## 为什么对 F 子条款所得征税？

以延期纳税为例，对 F 子条款所得征税的合理理由依赖于人们所考虑到的两个主要范畴中的一个。那样没有任何经济意义地点的被动收入暗示了它很可能在任何地方都不纳税，居住地的司法管辖也不能对其采取任何行动。毕竟，当一个小岛国家有争议地被看作开展业务的税务天堂，比如开曼，可以仅仅拥有少量产生积极业务收入的工厂，但是这里对开曼邮箱的数量没有自然限制，这意味着会产生来源于本地的利息或者股息收入。由于这个原因，任何通过负担国内税来豁免外国来源地所得税的国家通常会对全世界范围内活跃业务的收入和纳税居民的被动收入以及投资组合收入的税收豁免予以限制。（Ault and Arnold 2004，378）

F 子条款所得的申请项目，比如外国基地公司的销售收入，它涉及更富有争议的国外避税嫌疑行为。那么究竟为什么不鼓励以美国股东为主的美国公司对外国政府缴纳税款最小化呢？实际上，我们将会在第八章中看到，F 子条款所得是否必须使用问题正好涉及国际税收政策条款的两难核心。然而，如果人们担心类似的本国公司寻找国外低税率的机会而逃避美国去国外投资时，F 子条款所得规则将扮演重要角色。此项规则理应作为对抗避税行为的回应而合理化。

另一方面，并非许多真正的商业活动适合像开曼或者卢森堡这样的避税天堂。但是如果在一个更大更高税率的国家，比如说法国、德国开展这样的业务，并且最终仍以避税天堂的所得纳税，在其他条件都平等的情况下，从美国转移投资到国外的动机将更强烈,F子条款所得的应用潜在地解决了这一问题。

## 为什么基于来源地主义课税?

基于来源地主义课税的理由非常强大,它不会弱于居民地主义课税的理由:

- 假设国内投资者从政府提供的物质和服务中受益,比如道路的保养、对犯罪的控制、工人的培训。事实上,假设国内投资实际增加了东道国政府提供服务的成本,那么它有充分的理由要求投资者为他们得到的利益付款或者向其收取成本(虽然本国来源收入并不必然是适当服务收费的好方法)。

- 税收不只是一个提高财务收入的方法,也可以对本国的经济活动实施监管。从这个角度说,不对外国人的国内投资征税是反常的。

- 从审计和执行的角度看,对于计算金额并征收一项既定的所得税,政府对业务活动真正的发生地将比位于遥远的居住地更好管辖。

- 没有基于来源地主义的课税,外国人在本国投资的税率可能比居民的税率更低,即使考虑到它们的母国会对全球所得以居住地主义征税。人们都会厌恶做一个对本国居民(包括选民)征税而对外国人豁免的政府平台上活动的政客。但是即使一个人不关心政治问题或者平等问题,如果不同的潜在投资者在相同投资条件下面对不同的税率,那么还是会存在潜在的经济扭曲问题(再次地,更多内容将在第八章讨论)。

外国人国内投资的来源地主义论点暗示,对于本国居民在完整的全球体系中,对其国外投资征税的情况会弱于国内投资的征税。因此在居民地主义课税和来源地主义征税的问题上学者间发生思想冲突,尽管实践中这两种情况没有重叠。如果它们发生重叠事情将会变得更糟,这使我们明白了外国税收抵免规则的合理性,即使人们同意应该为减轻双重征税做些什么,我们也缺乏自动遵循的最佳和解策略。

第七章　美国国际税收规则基础

## 为什么提供(限制)税收抵免?

要解释外国税收抵免规则的合理性,必须解决两个问题:提供税收抵免的起因是什么以及为什么美国考虑外国来源地所得时被限制于美国的纳税义务?规则这两个方面的争论类似于居民地主义和来源地主义课税问题那样难以调和。

*提供税收抵免。*当美国国外纳税义务发生时给予一美元对一美元的返还,乍一看,这是一个令人吃惊的大方政策。当外国税收抵免没有达到抵免限额时(并且忽略延期纳税的效果),它们使得美国公司完全对其向外国政府缴纳税额的减少漠不关心。类似地,抵免也会使外国政府对高税收将阻碍美国公司在其管辖范围内的投资风险视而不见。相反地,Sam 大叔——或者应该说是 Sugar 大叔——以全部美国纳税人的利益为代价支付了全部运费。

这样慷慨的程度有两个主要的理由。第一是美国与其他国家合作,否则会因为过于慷慨地免除双重征税而减少税收,因为它们也在做相同的事情(通过外国税收抵免或者豁免),如果所有的国家可以在拥有全部税收债权的情况下同等地作出让步,又假如有利可图的跨境活动避免受到税收的严重阻碍,那么胜利将属于所有国家的所有人。

第二个理由从精神上来说非常不同寻常。它认为外国税收抵免应该是一种对美国公司的贸易补贴,通过减轻双重征税来允许它们在国外竞争。与第一个理由不同,在这样的理由下,即使其他国家强加给他们的居民地公司无限的双重征税,提供国外税收抵免仍具有意义。

*限制国外税收抵免。*如果国外税收抵免这么好,为什么要限制它们呢?通常的答案是,根植于从一开始就对它们提出了全球合作的合理理由,我们的慷慨只能到此为止。无限的抵免可以允许外国政府增加对美国跨国公司的税收(尽管在信用产生所得税的情况下很难有选择性),使得美国资源流失,即使建立在本国税收基础上也会阻止我们积累财富。类似地,对于国外税收抵免,在非合作而有竞争的理由下,争论焦点在于给予跨国公司的帮助只能到此为止,相对于仅仅支付全部来源地税收的底线来说,消除双重征税

下的额外负担而非真正地资助它们。

这个论点的问题之一是,在剥削有限的情况下,它不能使具体的方式合理化。假设美国跨国公司在本国所得 100 万美元以及当前包括在内的 100 万美元的外国来源地所得,形成(35% 的美国税率)70 万美元在先的外国税收抵免义务。这样可以推测出,当前的外国税收抵免额是 35 万美元,两者之间有多少差别,其实在于(1)当外国税收抵免准许从 349999 增加到 350000 时,美国的收益将受到损失以及(2)如果抵免被准许从 350000 到 350001,美国的损失将是多少?两者中任何一种情况 1 美元难道不等于 1 美元吗?

更广义地看待这个观点,我们限制性的外国税收抵免暗示着相互竞争性考量之间的平衡——也就是说,一方面是提供抵免带来的合作或者竞争的好处,以及另一方面美国公司和外国政府的所得损失或者不良激励效应之间的平衡。不可能有其他更渐进与中间性的选择,比我们实际平衡两者竞争考虑得更周到的退还比例吗?如果我们试图在平衡这些竞争性考量时使税收政策最优化,为什么最优系统的特征从对外国税 100% 的偿还到 0 的偿还突然转变到一个有争议的任意选择一个百分比?在平衡竞争性考量时,为什么不可以在其他更加具有渐进性和中间性的选择中,使用一个实际上更好的按比例偿还的计划?可能对于外国税收抵免限制确切结构最好的论据诉诸直观性,但这是不合理的,对于"广泛地减少一套税收的观点……税收为零相比于与之相反的完全征税而言更少遭到反对"(Shaviro 2007c,169)。

相对于税收收入的提高,延期纳税加上外国税收抵免限制的不合理结合使得美国跨国公司的国外投资税收规则的管理成本非常高。只有相关所得被遣返回本国时,抵免制才是可利用的,交叉抵扣是规避限制的基础性税收筹划工具,纳税人将资金汇回本国的时间使高税率和低税率下的税款相匹配,从而使两者达到最完美的平衡。这"类似于用主蒸馏器混合完美的税收这一烈性酒的过程,混合产品恰好承担 35% 的税,因此美国不会产生剩余税也不会形成超额税收抵免"(Kleinbard 2007a)。

# 第八章　国际税收政策两难

如果你在某处迷失并且无法找到方向,你希望有的两种资源可能是一个指南针和一幅地图,指南针可以帮助你向正确的方向前进,地图可以提供你如何从一处到另一处的详细情况。

国内的公司税收政策,如第一章到第六章所提及的内容,可描绘为要求某人在没有地图的情况下指引方向。鉴于具有里程碑式的概念模糊不清,比如说公司实体与非公司实体或者债权与股权,人们无法简单地辨别出它事实上做了什么或者怎样改变它的规则使其适应实际情况。但是至少从效率的角度来说,税收政策导航的指南针的作用相当明显。一切都坚持税收中立,至少基于一个统一收入或者消费的基准,似乎有可能成为人们希望继续前进的方向。根据定义,这样的税收中立可以消除浪费性的税收偏好,这是为了使公司税结构潜在具有意义的各种选择。①

## 清晰框架的缺失

当人们从国内公司税转向国际税收政策时,导航任务变得十分困难。当前不仅缺少地图也缺少指南针。在国际领域内,税收中立的意义不再清晰,人们应当努力引导税收政策朝什么方向行驶也不再清晰。

将中立的理想应用于国际税收政策包括两层次的问题:其一,由于不同的国家有不同的税率,人们无法在所有的资本差额中创造税收中立性。回想第七章的例子,即美国税率35%,澳大利亚税率25%。在这些情况下,相比两国中任何一国的其他选择来说,跨境投资不是很简单地就能实现中性征税。因此,对于在澳大利亚的美国公司的投资,人们不可同时作以下两种

---

① 应该承认,从效率角度来说在国内公司税中有些特别的例子中性可能不是最好的方法。一个例子是不统一的股息红利税来提升效率,即用帮助利用"烧钱"的方法——从公司的立场过于浪费,但不是从社会的角度,假如政府获得额外的收入——来象征公司质量。

行为：(1) 将税率设置为35%，因而美国公司在选择在美国还是澳大利亚投资时会面对同样的税率；(2) 将税率设为25%，因此美国公司在投资时将面临与澳大利亚公司相同的税率。相反，人们必须在两种方案中进行选择，即尝试平衡两者或者只接受两者中的部分实现。

第二，国际税收政策包括多重主权的问题。在国内税收政策中，人们可以设置一个国家层面上对每人适用的税收规则。然而从国际的角度来说，每个国家只能制定自己的税收政策。当它可以讨价还价或者以其他方式试图影响别国政府时，最后政策选择的价值取决于决策者控制之外的行为。不管它是合作性的或者竞争性的，多重主权的角色创造了一种政府间的战略互动。这样的互动很难模仿和预测，并且可以延续至时限之外非一致性地进行到底，它们对任何一个国家应该做什么的问题仍然至关重要。

介于多重主权可能是竞争式抑或合作式，人们会面对这样一个问题——完全国内税收政策的缺失——从全球的角度或者纯粹本国的术语来看，是否要考虑效率，以及经济扭曲最小化引起的经济福利。换句话说，从文学艺术的术语来看，国际税收政策应该以全球福利最大化为目标还是仅仅以国家福利为目标？

从哲学的角度来看，当然是全球福利有相当大的吸引力。从道德角度来说，世界各地的人是平等的，爱国主义类似于裙带关系遭到抗辩。然而，一个公正的哲学家的无私善行很难在政治上有市场，或是在国际上获得支持。它招致具有次佳道德准则人们的拷问。因此，有争议地，至少在文明行为的限制下，各国从内部受到鼓励并期待，完全从国内福利的角度而非世界性福利角度来考虑问题。

然而，如果不解决规范标准的选择问题，虽然这只是个框架，每当用国际税收政策某个特定方法增加全球福利时，它至少产生了帕累托改进理论的可能性，或者一个让每个人都更富裕而没有人境况变差的交易。因此，假设某个特定的美国政策——例如，通过国外税收抵免减轻双重征税，将花费美国50亿美元，但使世界其他地区宽裕500亿元。从理论上来说，通过支付多于50亿少于500亿的其他国家对美国采纳此政策的补偿会使每个人更富裕。

可以肯定的是，类似的现金转移无疑可能在政治上并不现实。然而假

第八章　国际税收政策两难

设补偿其他国家的取代方式是,在他们的税收政策中同样采用公众精神的形式补偿,比如,积极采取同样有成本地,但是在互惠的条件下,减轻双重征税。那么我国面对这样一种情况,孤立地看每个国家,用利他主义考虑问题,但是实际上做着最有利于自身的事情。选择世界福利仅仅是一个增加国家福利的方便途径,它通过国家的正和(positive-sum)合作和战略互动使两者协调。

现在下一个问题可以限于,"从为了促进全球福利而设计自身税收规则的角度来说,它是否有时具有欺骗的优势"? 了解各国国际税收规则甚至对本国的专家来说困难重重,更不用说外国政府难以理解了。因此,从纯粹由于别国互惠政策在内的国家福利角度来说,最佳状态下的欺骗行为似乎不可能为零。因此,重点不是通过对跨国投资税收规则的设计,将国家和全球福利最完美地结合,而是它们包括了大量重叠的可能性复杂关系。因此,在国际税收政策的领域内,即使最终国家角度占统治地位,两者都应该纳入考虑范围。

\* \* \* \* \*

因此,国际税收政策有两个核心的非确定性:如何界定中性,以及——即使可以界定它——在实施过程中如何在世界福利与国家福利考量之间前行。实践中,在人们对国际税收政策可以得出明确结论之前,必须解决两种非确定性。只解决一个问题会使所有当前政策选择顾此失彼,那么主导目前的争论依然广泛存在。

## 国际税收政策及全球福利

假设最初感兴趣的唯一问题是如何通过国际税收政策使全球经济福利最大化,该观点认为国家间合作行为应该建立尽可能高的目标。伴随着通常的效率观念,即税收不应改变当事人各方的动机,人们必须在两大利润间选择——在先前的例子中,将美国公司的本国和国外税率等同化,或者将美国公司在澳大利亚的投资与澳大利亚公司在本国的投资等同化。这样两个可能的中立性产生不少于3个可以用于定位国际税收政策的全球效率规范。

### 资本输出中性原则

资本输出中性原则(CEN)的标准主张,不管他们在哪里投资,纳税人应该面对同样的税率(Richman 1963)。如果以同样的税率征税(低于100%),结果是人们将选择提供最高的税前收益并且也有最高的税后收益的地方投资。因此纳税人不会因为公司所在地税率不同而用相对盈利较少的投资机会代替更为有利可图的营利机会的投资。

在之前提及美国—澳大利亚的例子中,资本输出原则对美国公司规定了35%的税率,即使它投资于澳大利亚,以及对澳大利亚公司征税税率为25%,即使它是在美国投资的。实现资本输出中性原则的方法是通过纯粹的居住地主义征税。然而,即使居住地和来源地重叠运用,只要居民全球的收入在本国立即征收(不能延迟)并且居民享有无限制的外国税收抵免,资本输出中性原则仍然可以实现。现存的国际税收规则无法实现税收中性原则是由于法律中缺乏这两种特征。

实现资本输出中性原则的两种可以替代方法之间唯一区别在于谁征得税收。因此,如果美国公司在澳大利亚挣了100美元,美国将基于居民地主义税收原则得到了全部的35美元税收,但是在外国税收抵免的方法下只能得到10美元,而澳大利亚可以得到剩余的25美元。类似地,当澳大利亚公司在美国挣了100美元,基于居民地主义,美国什么也征收不到而澳大利亚获得25美元税收,当在完全无限制外国税收抵免体制下,美国将征得35美元税收,澳大利亚实际上支付了10美元。从资本输出中性的角度来说,两种方法是同等的,因为纳税人被推定为只关心它们能够保留多少钱——而非谁将得到他们支付的税款。

使资本输出中性原则成为一个实现全球福利而非直接为国家福利服务的方法,是对于谁获得税款收入的漠视。当美国提供了外国税收抵免,从美国的国家福利角度来说,它的行为仿佛是向澳大利亚纳税与向美国政府纳税一样好。然而,事实上,从美国的角度出发并非如此,因为只有向本国政府付款时它们才可以使用金钱。

尽管资本输出中性原则支持无限制的外国税收抵免,在实际税收政策争论下援引时,它主要的含义是支持政府的。它支持结束延期纳税,或者至少可以扩大 F 子条款适用范围,以至于美国公司在国外低税率国家投资将产生更少的节税。它也积极支持对纳税人利用转让定价将应纳税所得额转移到低税率地区的挑战。进一步来说,当纳税人尝试交叉抵扣,从而避免被外国税收抵免限制套住,有争议的支持者试图阻止他们。交叉抵补的机会减少了反对高税率地区投资的过度偏好(从资本输出性的角度说),一旦人们有了潜在不允许的抵免额度就提供了不适当的激励,它使人们向低税率的地区投资,即使在那里的所得目前应向美国纳税。

**资本输入中性原则**

资本输入中性原则(CIN)主张不管在哪里投资,该投资应该面对同样的税率(Horst 1980,794)。然而,像传统假定的那样,它并非集中于产生既定投资的公司,而是提供投资资金的储蓄者的国籍。因此,人们要考虑以下两方面中任何一种(1)忽略实体级别税收且假设直接对个人投资征税,即使通过公司的投资,或者(2)依赖于本国对投资组合的偏好,这暗示着美国公司主要从美国储蓄者那里筹集资金。

资本输入中性原则由于采用了纯粹的税收来源地主义而产生(在前面例子列举的条件下),不管是谁进行的投资,它将引起在澳大利亚的投资面对 25% 的税率,在美国的投资面对 35% 的税率。然而,再次提及,从资本输入中性原则的角度来说,感兴趣的重点不是谁得到了税收,而是哪国的税制设定了适用的总体税率。②

资本输入中性原则的理由是它可以防止税率由于引起了错误的人储蓄而有所不同。具体阐述为,假设一个特定的投资在澳大利亚税前可以挣得 10% 的利润,在资本输出中性原则制度下,美国人通过这项投资税后可以挣得 6.5% 利润,而澳大利亚人可以挣得 7.5% 收益。

在传统的经济理论下,人们在权衡当前和未来的消费的基础上决定是否储蓄。当前的储蓄意味着你以后很长一段时间都不消费,如果你是个没

---

② 因此,在理论上 CIN 能够通过假设体系来达到重叠来源所得税和居住地所得税的效果,但是用来源国提供给外国人的无限税收抵免支付给了他们的居住国。这样的税收体系至少在政治上是不受欢迎的。

有耐心的人,那是件很糟糕的事情③,然而,如果收益足够高,你将愿意现在储蓄并且延迟你的消费,考虑到那样的情况,7.5%的税后收益率将会使你的钱每七年翻番。现在勒紧裤腰带而为了将来生活更好是一件有价值的事情,即使你更倾向于现在消费。

假设一个特定的美国人只要可以获得至少6.6%的利润就会储蓄,而一个澳大利亚人只要能挣到7.4%的利润就会储蓄。很明显地,在储蓄上美国人伴随着更小的个人无效用性,即使用更少的报酬交换,他仍然愿意储蓄。然而,如果储蓄的收益将按35%征税,而那在澳大利亚仅征税25%,只有后者在税前收益达到10%时会同意储蓄。因此,我们无法提供资本输入中性原则,从而获取"错误的"储蓄者——他们通过衡量各方的保留价格而希望储蓄更多。只有对多种储蓄者以相同的税率征税才能避免这种情况发生。

在美国税收政策的辩论中,资本输入中性原则被援引用于支持保护纳税人,而非保护政府,该观点认为,美国不应该对美国公司到国外当地顶尖领域投资的来源地所得纳税,而来源地税收正是他们的竞争者要支付的。比如说,它争辩延期纳税远远不够,并且外国来源地所得、积极的业务收入一般应当免征美国税。这不但反映了在低税率的国家,居民地公司不用支付其他国家居民地主义的税收,而且其他大国声称即使对它们的居民全球所得征税,也不会广泛运用典型的F子条款规则。甚至如果其他国家不能阻止它们的居民公司那么做时,也会允许咄咄逼人的转让定价在资本输入中性原则下适用。

**资本所有权中性原则**

最近进入的领域中,资本所有权中性原则(CON),聚焦于公司的层面,而非投资者的层面,并且主张所有权决策不应该为税收考量所扭曲(Desai and Hines 2003,494)。因此,如果美国公司具有最高生产力并且成为在澳大利亚特别投资中税前利润最高的所有者,资本所有权中性原则要求税收考量不导致不同的所有制模式,比如这项投资被澳大利亚公司拥有。

资本所有权中性原则,与资本输入中性原则类似,符合纯粹来源地主义

---

③ 即使保持耐心,然而,人们将在他们想要"平抑"他们的生活消费的情况下,例如为退休而积蓄、或者为继承人留下遗产(参见 Shaviro 2008a)。

## 第八章 国际税收政策两难

的税收标准。因此,如果对美国所有的投资按 35% 征税,而在澳大利亚按 25% 征税,那么假设特定的投资发生在澳大利亚,在澳大利亚创设一个公司将不可能像美国公司那样享有税收优惠。资本所有权中性原则的主要倡导者,经济学家米赫·德塞和詹姆斯·海恩斯声明资本所有权中性原则不需要来源地主义税收或者它的等价物,并且事实上"如果收入由于投资者不同而征收不同的税收,那么就按照固定税率征收。因此,如果一定欧洲国家的投资者面对通常按其他所有投资者 1.2 倍的税率征收国内与国外税收的话,资本所有权中性原则对此持赞同态度"(494—95)。

在纯粹居民地主义纳税体系的含义中,除了满足资本经济中性原则(CEN),也满足资本所有权中性原则(CON)。因此,再度假设美国税率是 35%,澳大利亚税率是 25%。假设所有投资(不考虑所有权)的税前利润率为 10%,这意味着,在全球居民地纳税原则下,美国公司税后通常获利 6.5%,而澳大利亚公司可获 7.5% 利润。在这种情况下,不论公司位于美国或者澳大利亚,美国公司和澳大利亚公司都要为投资支付 100 美元整,该项投资税前利润为 10 美元。因而税收考量不会歪曲所有制模式,即使美国公司在投资时比澳大利亚负担更高的税率,包括那些在澳大利亚产生的投资。④

然而,如果我们改变假设,全球居民地主义课税将不再满足资本所有权中性原则的要求。如果我们假设居民地税收完全以法律实体为基础,比如公司,以及没有实际上(可能由于税收筹划)投资者层面征税。读者可以回忆起第六章,这正是米勒平衡的支持者关于股票融资公司投资所作的假设。任何特定的投资者都会思考是否通过美国公司或者澳大利亚公司对在澳大利亚的投资融资,在上述两种情况下通过购买公司新发行的股票融资。⑤ 假设美国公司通过投资每年的税前利润率为 10%,澳大利亚的税前利润率是 9%。根据居住地公司课税原则而非来源地公司课税原则,投资者会选择澳大利亚公司,因为它的税后利润高一些(6.75% 而非 6.5%),因而违反了资

---

④ 我在这一章后面提到关于向美国公司按照 35% 的税率而向澳大利亚公司按照 25% 的税率征税区别,将置美国公司于不利地位。正像我们将见证的,在具体假定下,这实际上(且违反直觉地)与真实情况不符。

⑤ 进一步假设这是特别种类的股票,它们的回报来源与悬而未决的投资利润特别密切相关,而不是仅仅依赖于美国公司或者澳大利亚公司总体财富(正如例子中可能的情况一样)。

本所有者中性原则。

与此相类似,假设美国公司考虑运用两种不同的方式将一部分生产活动安置在澳大利亚,在两者中任一情况下,通过利用已经存在的澳大利亚公司的雇员和工厂来完成。第一种方法是用美国公司的股份交换当前公司所有者所持有的澳大利亚公司的股份来获得澳大利亚公司。第二个方法是与澳大利亚公司建立一种公平交易的合同关系。将税收暂且搁置,它们的区别也许可以浓缩为在分等级的或者公平交易的价格驱动的环境下,组织生产是否更有效率(如科斯的公司理论中所言)。如果美国和澳大利亚公司按照全球居民地主义原则不延迟征税,税收考量将偏向于天平上有利于公平交易的合同关系的一边,以至于澳大利亚公司的所得仅仅按 25% 的税率征税。这再次引起违反资本所有权中性原则,除非以来源地主义而非居民地主义税收征公司税。

在税收政策的争论中,资本所有权中性原则,与资本输入中性原则类似,一般被援引用于支持保护纳税人的观点,即美国跨国公司的国外投资一般不应该在本地征税。这再次反映了相比于我们对跨国公司国外投资的税收,其他的国家做得更少,如果美国扩大其全球所得税收或者挑战别国允许的积极税收筹划,这造成了美国公司外国业务的所有权在征税上受到阻碍。

### 解决全球标准的选择

资本所有权中性原则直到 2003 年才在学者论著中有所论述,几十年来学界关于如何通过国际税收政策促进全球福利的税收政策辩论单纯地停留在资本输出中性原则和资本输入中性原则两者之间。形成的强烈(假如不是十分普适的)共识是:资本输出中性原则强于资本输入中性原则。⑥ 原因如下:(1)投资选择,这是资本输出中性原则所要设法解决的,相对于储蓄选择,它通常在税收上更加敏感,而这是资本输入中性原则所期望达到的目标;(2)国家通过准许无限的外国税收抵免单方面地实现资本输出中性原则,但是它们无法通过现存的税收工具单方面地实现资本输入中性原则;以及(3)所得税可以在任何情况下自动阻止储蓄,但是无需对投资选择歧视

---

⑥ 参见美国财政部 2000,2—42;美国税务联合委员会 1991,232—248;Warren 2001,163。

对待。

因此学术观点强烈支持将美国税收扩大到美国跨国公司的国外投资，比如撤销延期纳税。国会不情愿这样做鼓励了如下观点：它仅仅对美国跨国公司所控制的利益集团权利的响应，即便转向"地域"制度的支持者，即支持美国公司不再对国外的积极营业所得纳税，也依赖于扩大延期纳税在政治上的非可行性以及税收遣返回国所导致的低税收（与税收筹划成本有关）(Grubert and Mutti 2001)。

资本所有权中性原则的介绍改变了推动力上的智力平衡。然而，我们将会发现，强调以资本所有权中性原则取代资本输出中性原则的争论依赖于追求美国国家自身利益两标准相互兼容性，而非各自在世界舞台上的重要性。资本所有权中性原则的支持者在确定它的绝对或者相对重要性上都还没有取得重大进展，尽管他们注意到了现代公司理论（以科斯的研究中得到）表明所有权的安排非常重要。

使分析变得更困难的是相关的"所有权"，比如居民地和来源地，并非一个在经济上相当明确的概念。美国税收方面的影响依赖于美国税法是否对经济安排有一套给定的定义，它包括与分支机构的关系，外国子公司或者独立的第三方。真正各方的经济关系可能不会恰好划分为公司内以及公平交易合同栏目，甚至在哪里营业，可能对于税收体系来说很难精确地观察到。由于居住地和来源地的关系，正式规则在多大程度上以及如何发挥影响在这里并不清晰。

## 单方国家视角

尽管对全球福利形成了更强烈的共识，美国国际税收政策的含义依赖于国家福利间的关系。全球的增益需要任何一个通过追求税收福利获益的国家间的合作。对国家福利单方面的追求并非只是合作的替代物，而且解释了合作的成本以及收益的可能性。

遗憾的是，对那些希望生活简单的人来说，如果美国采用单方面促进国家经济福利的原则，就会像全球福利问题一样在理论中引起强烈的争议。两个构成该现象基础的经验主义问题分为：(1) 美国跨国公司在本国投资层面的国外投资影响;(2)美国税收政策如何影响美国公司的"竞争力"以及影响美国经济福利的问题。

### 国外投资使国内投资减少了吗?

#### 国家中性

在国际税收政策将资本输出中性原则和资本输入中性原则确定为全球福利所主要考量的传统观念下,单方行为的内涵被认为是清楚的。不仅居住地公司的全球所得要无延期地纳税,而且外国税不应抵免国内税收义务。相反,它们只是在计算国内税收义务时被扣除。作为结果的全球双重征税,以及随之发生的阻碍跨境公司发展,简单来说,并不值得去解决其他国家缺失相互宽容的问题(例如允许国外税收抵免)。

为了阐明国家中性的标准,再细想美国公司的例子,美国公司决定在美国或者澳大利亚投资,每个例子中都挣 100 美元。但是最初的假设是无澳大利亚税。为什么国家切身利益的忠告是对外国来源地所得征税而非豁免?答案在于,我们希望公司在税前投资,因为对于美国税务当局所支付的税费,对公司来说是与其他费用(比如工资、租金)类似的成本,从美国国家立场来看,仅仅是"一个口袋到另一个口袋"的资源的转移。⑦ 对于国外投资的税收给予豁免会造成公司相对于本国投资,更加热衷于这样的海外投资,即使该项投资在美国税前收益较少,因为公司自然会将税收视为一种成本而非转移。

然而,当我们将澳大利亚税加入其中进行混合,分析的结果与美国税不同,因为澳大利亚与美国相反,它是得到收益的国家。因此澳大利亚税从美国国家的立场来看,事实上是社会成本也是私人成本,它不亚于向澳大利亚工人支付工资。因此,如果美国公司税前所得是 100 美元,并且在支付来源地主义的澳大利亚税之后利润为 75 美元,当从纯粹的民族主义立场对其下正确的定义时,以公司已经挣的 75 美元为基础在美国对其征税保持了它们追寻税前最高利润的动机。

---

⑦ 从美国全国的立场来看,向美国工人支付工资的行为或者向美国资源所有者支付租金的行为都只是从一个口袋转移到另一个口袋的行为。然而,这些数额被看作提供服务或者提供资源的补偿成本,因此使得它们象征着实际的社会成本而不是单纯的转移财产。

国家中性原则提出在制定国际税收政策时美国单方的自我利益的正确定义,这样观点的支持者不主张美国应遵循它的忠告:仅仅对外国税扣除而非抵扣。相反,它更多地是一个反证(reducdio ad absurdum),试图表现考虑到世界各地的税收抵免被广泛地运用,国家间的合作必须是真正地强有力的合作。即使提供外国税收抵免似乎太天真地过分慷慨,但是事实上美国并没有被剥削,而是参与到了一个非同寻常的国际性成功事件当中。Renven Avi-Yonah(1996,1301—3)认为现行的国际税收制度在某些方面是"一个奇迹……我们对主权国家在税收问题上能达成共识几乎不报期望……然而,与先前的期望相反,一个条理清晰的国际税收体系的存在会受到几乎全世界的支持"。

这个观点的一个问题是它与实际国家政治的分离值得商榷。美国采取了单方面外国税抵免并且明显缺乏对全球效率、国家中性和国家间互惠的认真考虑(Graetz and O'Hear 1997,1043—44)。当代美国税收政策更少倾向废除外国税收抵免,更不用说,在国际合作精神层面为了尊重其他国家而自我牺牲的任何感情色彩。与之相反的是,它要求一个更加单方面并以自我利益为中心的政策,该政策通常站在保护纳税人一边且强调竞争力(讨论如下)。其他国家似乎也同样没有将完全双重征税视为诱惑,或者由于单纯害怕报复而阻止它。

任何人都可以试图解释这个现象,然而,原因是国内公司的政治影响力(以及可能由于双重征税直觉上不合适)限制了国家纯粹以自身利益的角度去做他们"应该"做的事情。毕竟,这很难成为大的新闻,我们可以看到全世界遍布着拒绝执行经济学家认为是最好的政策的国家。举例来说,学术界人们普遍支持对税收优惠缩减(从而在税收总所得没有损失的情况下允许税率的较少)以及公司整合,但是很显然,众多国家不会听从——对显而易见已经超过了有关国家福利的学术争论的国内的政治动力作出反应。

**税收免除(国家所有权中立)**

在自身条件无可辩驳的情况下,国家中性原则背后的逻辑在于一个未阐明的关键假设。它将纳税人在哪里进行既定投资的决定视为对任何由该纳税人或者其他人作出的其他投资地点的决定,但该决定却达不到预期效果。因此,如果美国公司在澳大利亚投资而不在美国投资,由于它在澳大利亚取得收入而非在美国享有所得时,美国会失去税收收入。这种情况不会发生,除非以下情况之一发生(1)美国的国外和国内投资是补充性而非替代性——如果使一种情况发生会增加其他的可能性,而非对其他情况进行排挤;(2)美国公司国外投资意味着别人会取代美国这里空缺的机会。

假设平均起来看,美国公司在国外投资的决定对其在美国的投资数量没有影响,并且对美国来源地应税所得和美国税收收入没有影响。国家中性原则将完全停止控制。相反,如德塞和海恩斯(2003,496)所言,"母国福利在国内公司税后的盈利不断增加的情况下,国内税收保持不变"。因此他们主张,作为单方面的效率基准,用关注国家的国际税收政策取代国家中性原则,这个原则将居民在国外投资从本国税中免除,它实际上建立于其产生自由资金因而不应被阻止的观点上。德塞和海恩斯称国外投资免税为:"国家所有权中立"(NON),但是,尽可能简洁的来说,我称其为"税收免除"。

本国投资如何不受美国公司的国外投资的资源影响而取代其已经在本国的投资呢?主要有两种方案,任何一个都可能发生。第一,美国公司,对受制于自身有限资源的投资数量有预算限额,取而代之的运作方法是去国际信贷市场并每当有一个足够好的主意时就筹措资金。相应地,不是在投资中选择,它们向尽可能多的目标"投球"并使得所有投资有足够可论证的优点。当他们需向提供资金的人支付市场利息时,他们抓住了反映它们特别的技能、资产或者知识创新能力的超过市场效率(经济术语,租金)带来的经济剩余。在这种方案下,本国投资可能是一种补充,而非对国外投资的替代——举例说,假如技能开发或者通过国外验证的想法被带入本国,那么通过国际资本市场可运用更多的资金。

第二,当美国公司未在本国投资时,它们可以为外国公司提供一个本来不存在的开放机会。举例来说,某商业街区有固定数量的店面全部都注定被某人租赁。如果一家美国公司搬到别处而对于该街区场所的国际需求足够高,别的公司将来取代之。如果固定店面的比喻不足以说明跨国资本流动的现象,人们可以用盈利性投资的商机代替加以考虑。例如,一个地方的餐馆越少,顾客对进入市场的新餐馆(或者其他相等主体)市场需求的可能性就越大。或者,如果一个地区已经有既定的劳动力,那里的工厂越少,对未来的迁徙而来的雇主吸引力越大。在这种方案下,全球投资就像巨大的音乐椅子游戏,一个国家的公司位于某地而非另一个地方,仅仅关心填补座位的数量和位置,其他因素并不重要。⑧

海恩斯(2007,19)表明"当前各种迹象的混乱说明了外国直接投资不可能减少本国股本的规模,相反可能会使它增加"。特别是,从澳大利亚、加拿大、德国、美国得到的一套公司级别的或者产业级别的研究分析数据无法找到国外投资与本国投资减少的任何联系。虽然没有人声称这些研究尚未定论,至少他们对于潜在支持免除国外投资税收的假设上给予重要的经验性支助,从而替代了国家中立性,作为一种首选的从国家福利角度考虑的单方面政策。

**评价国家中立性与免税间的选择**

即使没有上述经验性的证明,将国外投资不完全视为本国投资的替代背后的逻辑是引人注目的。特别是,为了涉及税收空白领域的特定地方投资的观点有直觉的吸引力,这样每个新加入者最低限度地排斥未来的加入者。即使通过更深层次研究发现国外投资被证实与本国投资水平负相关,国家中性原则仍然成为有效假设本国投资与外国投资一对一替代相当广泛的标志。

这严重低估了一国作为单方面基准的国家中立原则的吸引力,即使我们假设本国投资和外国投资之间的替代总额为零,免税的情况也不必然发生。成为一个效率基准与成为一个确定的政策引导不同。毕竟,一笔总付的税收,比如一个统一的人头税,可能作为相对于所得税或者消费税来说的一个效率基准,但是没有人认真的建议采用它。在免税的情况下,问题不是与效率相对而平衡分配的目标(如人头税的例子),而是考虑到更高的本国税率,使总的不效率最小,通过采取免税而非在全球体系支付税收收入的损失,在其他方面可能会更加糟糕。

---

⑧ 这一观点与回应来源层面征税的集合地方投资相一致,并且如果税率上升则税收下降。一国对于境外投资税收体系的关键点在于它影响了针对国内公司——而非所有公司的国内税率和国外税率之间的关系。

难题在于即使我们假设国外投资为美国人提供了自由的货币,通过过剩的预期收益(1)人们为额外资金所支付的市场利率,或者(2)人们为了占据某个国内投资固定商机所挣收入(代替外国收入)返还时的利率。

正如第一章所说,经济租金的税收一般被认为是有效率的,因为即使数量上有所减少,自由资金在税后仍为自由资金。另外,即使对境外投资征税有很多负面效应,因为利润并非纯粹的租金,人们都必须牢记任何生产活动的税收,通过对激励的扭曲,可能会在某些方面减少国内福利。因此,从单方面的国家立场来说,尽管关于国家中立性的旧共识显然不能持续下去,如何最好地对境外投资征税仍然是不清楚的。

**国内公司竞争力**

即使超过税收收入,关于美国国家福利角度考虑对境外投资征税的争论热点问题转到了"竞争力"问题。美国公司抱怨道,相对于它们的外国竞争者,如果它们所面临的美国体系下的税负超过了外国竞争者所面临的本国税负,那么它们会处于不公平的弱势地位。他们还声称这不仅仅对它们来说并非幸事,对美国的国家福利也是不利的。特别是,考虑到母国更加偏好人们的投资组合,收益的减少使美国人变穷(Hines 2007,35)。竞争力这个理由可以以几种不同的方式加以运用。

**竞争力,第一种版本**

美国公司争论道,由于美国税收以地方来源为主,如果它们比外国竞争对手的纳税税率较高,它们在外国市场上将无法有效竞争。因此,再次假设美国公司面对35%的税率,考虑到相比于澳大利亚25%的税率,当它的税率更高时,美国公司能有效竞争吗?

这种美国公司面对着严重不公平竞争环境的观点有直觉上的吸引力。以此类推,假设它向相同的工人支付更多的工资,或者为同样的用电量花去较高的电力成本。那么澳大利亚公司,其他条件都相同,如果在两者平等的条件下也许能够通过较低的价格将美国公司驱逐出市场。但是对净所得以不同的较高税率纳税,就不必然由于这种方式的运作而产生竞争弱势。

特别是,税率的不同并未给澳大利亚公司以低价与美国公司竞争的机

第八章 国际税收政策两难

会。不论公司的税率是25%还是35%，它设定消费价格的目标是使其税前利润最大化。毕竟税前利润越高，只要税率低于100%，税后利润也会越高。

因此，假设美国公司与澳大利亚公司两者从一开始都面临35%的税率，而澳大利亚公司对消费者的要价导致其每年100万美元的收入。我们推断澳大利亚公司已经决定无论提高或者降低价格都将坚守利润，虽然前者将提高每次销售的边际利润，但同时减少了销售量。如果将税率降低至25%，并无明显的原因编码计算会产生变化。⑨

现在从美国公司的角度考量。可以确信，美国公司的所有者在用35%的税率比用25%的税率纳税后变穷。它意味着挣钱变少。任何人在两个税率之间选择都会挑选低税率。但是美国公司及其所有者仍然能够在同一税率下支付他们的账单并保持商业运营、产生税前利润并用他们能做的任何其他事情来匹配税后回报。⑩

假如我们将真实世界的复杂性加入进去，美国公司并未面对竞争性劣势的观点将会受到挑战。例如，享有良好投资机会的公司需要依赖于国内孕育的融资机会，由于很难说服第三方借贷者在其前景实际上很好的时候融资而不能实现。澳大利亚公司在其他条件同等的情况下，将能比美国公司产生更高的税后利润，并能获得资金支持其增长的税收利益。然而，在实践中该要素的重要性对于大型跨国公司而言，它依赖于全球信贷市场对新资金的需求而显得不够明晰。

相应地，有关对美国跨国公司更高税率内涵的传统竞争力争论并不必然成功。人们希望股东和经理用比竞争对手更低的税率纳税，而不是可能征收的更高的税负。但是假如他们能够有效地竞争，既然美国政府得到了美国公司所有者（或者其他受到影响的美国个人，假如纳税影响转移）损失的额外税收收入，美国国内福利含义也不那么明显。

---

⑨ 这里假设为综合所得税。由于有税收优惠，所得税更加复杂。扣除或者排除的价值依赖于边际税率。因而税收优惠对于高税率纳税人比那些低税率纳税人更有价值。然而，这不会导致对于一个团体而言无处不在的竞争优势，而是会产生如经济学家所说的委托效应。高税率纳税人将会倾向于集合在提供高于平均税收优惠的企业中，而低税率纳税人将集中在接近准确征收经济所得的企业之中。

⑩ 这看起来像之前提到的观点，在某些情境下，CEN 能满足 CON，并且假如人们在所有可能的投资上面对同样高额税率将可以避免所有权结构的扭曲。

### 竞争力,第二种版本

关于竞争力争论一个更新的版本是将重点从公司层面转移到投资者层面,假设美国公司和澳大利亚公司为可用于美国以外任何地方建立新投资的新股份资本而竞争。显然,在其他条件相同的情况下,投资者情愿将资金投到税率为25%的公司而非35%的公司。这样的话,澳大利亚公司在提升股份资本时具有竞争优势。

只要在收入征税时允许公司层面的利息扣减,由于在这种情况下投资者税率与之相关,并且不管通过谁进行投资结果都相同,这种分析不适用于债权。当在股权上说得通时,就留下与美国国家福利相联系纽带缺失。

对于这种联系的争论要求美国公司预先存在的所有者,假定它们主要是美国人,由于本国偏好失去获得租金的机会,这是因为澳大利亚公司取而代之获得额外的融资机会。但是,如果美国公司和澳大利亚竞相对提供额外正常收益的业务投资,人们可能会想这些租金将会因为竞争而消失,因而在任何情况下均无法提供给之前的股东。

毕竟每个公司都愿意得到超过别处可得正常收益的超额利润,因此只要保持一美分租金的潜在收益,出价都不会低于别人。这可能包括稀缺的新股权资本的竞争,该股本能用不断增长而讨人喜欢的发行价格提供,直到现存股本最后收益消失。因此,新竞争性的争论,虽然在公司层面具有可行性,它是否强烈地蕴涵了单边国家福利的意义却不甚清楚。最多地,它为老竞争争论附加了展示美国公司处于劣势的融通资金三种主要载体中两种——留存收益(retained earnings)与新股本融资(new equity financing)。在与低税率外国公司的公平条款中,这将使新债务融资仅仅成为一种筹资基金的载体。如第六章所说,债务融资提供了股东和预期新资金来源之间的最大激励问题,由于股东份额完全提升,而债权人份额就呈下降趋势。

因此竞争力问题归结下来大致如下的问题:当股东大多为美国股东的美国公司,它们面对的税率不高于外国竞争者,利用国外租金一定程度上能否显著地缓解流动性限制?也就是说,为了美国居民个人股东的利益,将会提高全公司可保留收益以及在它们进入资本市场利用租金的能力上有显著差异?竞争力争论的价值仍然是不清楚的,关于这个问题的许多研究仍需要进行,直到解决为止。

### 一个单边主义者的底线?

对于国家中立原则作为单边国家福利标准强烈反对的上升,以及代表美国公司利益加强竞争力的争论,留给单边主义角度的某种混乱局势。所得免税效力作为一种可行的办法,相对于这样的情形,授予外国税收抵免(以及因而限制国内税收为本国与外国之间的息差)似乎过于慷慨,除非它刺激了本国与其他国家的相互宽容性。但是美国能够通过单边靠近全球属地主义征税的极端而受益的观点不能被排除,考虑到以下可能性(1)国外投资不可能完全被新的国内投资取代,(2)对国外投资征税最终不会对美国个人享有的收益造成巨大影响,(3)如果不涉及租金收益,倘若外国公司而非美国公司进行特定的国外投资,美国国家福利不会受到巨大影响。

举例来说,假设美国国会决定改变税收中性原则为基础的现行法律,要么(1)提高公司税率但消除美国公司的外国来源地积极的业务所得,或者(2)降低公司税率但是取消延期纳税。即使假设这对别国的税收政策毫无影响,没有现存的经济模型可以令人信服地证明这两个方法中任何一个更好。

## 美国国际税收政策正在持续的两难问题

当前的美国国际税收政策有两条明确的道路可走:通过取消延期纳税朝向完全全球征税(反对外国税收抵免),或者朝向美国公司外国收入,积极商业收入完全免除美国税收的属地主义体系行进。与之相反,正如基思·恩哥尔(2001,1525)所说,我们"被困在 F 子条款中"再加上税收遣返回国行为。

考虑到延期纳税制度的无效率性,许多人会同意以上两极中的任意一个,而不是困扰了我们几十年的中间道路。然而,僵局似乎仍然有力地植根于美国政治(1562),这反映出不仅限于理论上的不确定性,它还限于政治影响。它也反映了两者之间永不停歇的战争(1)跨国公司的政治力量,在直观上受到具有吸引力的竞争力观点的支持,即依据观点"我们这些人"应得到一个"公平的机会"的观念,以及(2)对美国纳税人"中立"对待的直观情况更加强烈,他们情绪化地关注到,如果美国允许居民公司减少他们在国外投资住所地的全球负担,明显的"工厂逃离"将会导致居民失去美国工作。

即使两个极端的方法在政治上不可行,但是关于美国是否应向一个方向或者另一个方向边缘化移动的争论仍然在继续。关于F子条款的范围和延期纳税,纳税人利用外国税抵免能力,以及通过提出法律议案和美国财政部应该如何利用立法和规章决定权,用美国来源与外国来源定义的战争继续搅乱着税收政策体系。这些战争都有一个共同愿望,即希望找到我们应朝着哪个方向迈进的理想指针,而这个指针却怎么也找不到。

两种争论性的考量建议反对朝向定义明确的全球征税一端,而非免税一端的方向航行。第一,从国家福利的角度来说,即使税收惩罚了美国公司而使其相对于它们的外国竞争者无伤大雅的不利地位,即使从专门植根于资本输出中性原则的全球福利角度来说,如果世界各地的公司通过交换所有权地位来充分回应,这也不能提供任何好处。第二,当外国公司获得广泛接受时,美国居民公司就像纤细的芦苇那样不堪重负。如果美国居民公司更加努力地避免由不愿意迁移的美国居民管理,那么朝向纯粹世界体系变动的力量将会变得更加强大。

当全球资本流动增加了美国所得税体系所面对竞争压力的程度时,一些人认为降低公司税率(包括外国公司在本国国内的投资)相对于税收豁免而言,被更加清晰地指明为了回应政策。降低国内公司税税率将毫不含糊地倾向于在这里吸引更多商业活动,以及阻止将已经报告的利润运用转移定价方式转移出去,而非进入美国。它也有可能不减少税收的累进性,只要(如第四章所讨论)税收影响不断地落到工人而非储蓄者身上。

许多美国主要贸易合作伙伴在近年内已经大大地减少了它们的公司税,反映了诸如东欧国家的低税率给西欧国家施加竞争压力这样的因素(美国财政部 2007,6—8)。美国,虽然较少立即受到这样的竞争压力,但是从长远来看显然会面临这样的情况。然而,这只是美国公司税收规则如何应对21世纪经济和政治情况中更为广泛问题的一个两难问题——本书第四部分将展开更广阔的讨论。

# 第四部分　公司税走向何方？

美国公司税已经稳定了很长一段时间。例如，35%的最高边际税率已经持续了15年，而在此之前以34%的税率维持几年。在税率稳定期间，只有一个显著的结构性变化，但是这个变化很重要——那就是2003年立法（即将到期）削减股息税率。

根据最近税率稳定的轨迹，不考虑股息税问题，人们会很自然地认为税率可能基本没有改变。我们期待用典型的归纳推理同样的问题，总是得到正确的方向指引，但是事实上却并不总是这样，就像特伯兰·罗素在1959年提到：

> 家养动物看到了经常给自己喂食的人时就会期待食物。众所周知，这种对同一性行为的单纯期待很可能被误导。一个每天如一地喂养鸡的人最后会扭断鸡脖子，这表明关于天然同一性更完善的观点对鸡而言更起作用。

类似地，如果没有这么可怕，美国公司税制度可能不久就会变化，即使现在的法律已经维持了很长一段时间。因此，在以下的第九章将阐述很多重要趋势表明未来不需要，甚至也许不能够，仅仅将过去延续下去。第十章将考量公司一体化，这在最近几年来最为引人注目的结构性变化。最后，第十一章将讨论美国公司税其他可能性新走向。

# 第九章 正在出现的崭新世界

三种已出现的趋势表明未来的公司税会看起来和现在绝然不同。简言之,这些趋势在金融创新中不断发展起来,引起了世界性的资金流动,并改变了美国政策的动向,而这些改变会对公司法年复一年维持不变的内容产生法律不稳定性的焦虑。

每一个趋势都在持续发展之中,对其中任何一个,我们都可能没法到达该趋势新的突破点。但是,从天下没有任何东西是全新的这一意义上来说,仅仅在程度上的不同最终会变成种类的差异。始于更多简单同一的变化会逐渐演变成革新性举措。

## 持续的金融创新

美国公司税制度结构中的"砂石之柱"问题从产生伊始就一直跟随着我们。早在1911年,又于1925年,美国最高法院不得不处理那些非正规组建起来而看上去形迹可疑貌似公众交易公司的税收适用问题(Bittker and Eustice 2006,2—3)。关于债权和股权之间区别的所得税诉讼从20世纪30年代开始就为人们所熟悉。[1]

直到20世纪70年代,这个问题的可争论点就没有变化过。但是到了20世纪80年代,扩张性的金融创新出现了,例如"资金市场出现了高收益的债权、零利率的债权、混合债权、浮动利率债权,金钱市场优先性[股票]和浮动收益期权票据"(Hariton 1994,500),显著地弱化了债权和股权之间的分野,允许债权呈现出更类似高风险的股权的行为。金融创新随着20世纪90年代金融衍生工具的兴起而真正勃兴起来,或者这些金融工具需要依赖其他物品的价值进行交易(例如股票价格、期权的价格、通胀率或利率)。金

---

[1] 在最早债权—股权区别的税收案例中,在Plumb(1971,404)占主导地位被引用的文字中并回溯于1935年,引用这一问题的几个早期案例,回溯于1927年,连同非税收案例追溯至1883年。

融衍生工具果断地结束了"公开市场发行有限种类的金融工具"的旧世界,创造了取而代之的"公司可以为投资者提供任何种类能够用语言描述的权利,这些权利建立在任何合格的应收账款,以及应收账款种类的可抵销性义务的基础上"(500—501)。传统的债权和股权在这个市场上保有各自的位置,但随着时间的流逝仍不免有减少的可能。同时,有限责任公司在美国实体法上迅速发展,为商业提供了正式的诸如有限责任这样典型公司特征的非公司化结构,这使得美国联邦所得税制度作出公司分类,甚至比黑石公司上市交易(第三章讨论过)对质疑公开交易界限的有效性更加复杂。

曾经可以颇为明晰地澄清差别的过程在 21 世纪继续展开。这个过程被资产证券化,或者通过一些特别的、非流动性的资产支持的金融工具的发行加快进程。在其他的影响中,资产证券化大幅度提升了金融市场上的交易价值。因此,考虑到信用违约掉期(credit default swap),它为资产池中的抵押风险而设计。在 2000 年到 2008 年之间,这些融资工具的市场价值从 9000 亿美元涨到 45.5 万亿美元,因此,这个市场(至少从名义上看)是美国股票市场价值的 2 倍。② 现在,信用违约掉期在 2008 年的金融危机中扮演重要的角色。

金融创新通过扩大和健全资本市场,削弱了税收体系所依赖的摩擦。例如:如果对国内股本征税不利或者向境外人士分红利会导致预提税,为什么还要持有股本?可以利用衍生金融工具合约分配,诸如利用或者模仿特定种类股票的期权,能够达到同样的经济效果却毫无税收后果。为什么股票将来可能要为了公司分类的目的给术语下定义并公开交易呢?即使黑石公司不容置疑用公开交易,且依赖可适用的法典中定义的消极收入来规避公司地位。但是,未来公司可能不需要公开可交易性,只要为投资者创造资产流动性即可。③

---

② Gretchen Morgenson, "Arcane Market Is Next to Face Big Credit Test," *New York Times*, A-1, February 17, 2008. 在美国股票市场所有股份价值和所有信用违约掉期价值之间的差异是前者代表潜在公司利润请求的净财富,而后者仅仅代表相对方(例如,特定掉期的持有人和义务人)相反的预期价值。因此,当信用违约掉期的出现创造了请求和义务的抵销,整个国家并未增长 45 万亿美元的财富。

③ 正如早期 Gergen(1995)提到过,从某些方面看,金融创新潜在地帮助政府即使在没有观察到销售或者交易的情况下也能更容易地计算资产变化。然而,在为税收目的或者区分债权还是股权问题上还只是很小的帮助。

# 第九章 正在出现的崭新世界

拥有一个更健全的金融市场的重要内涵就是莫顿·米勒的观点会变得更加真实,他认为公司税(通过债权和股权之间的选择)让投资者选择适用公司税率还是他们自己的个人所得税税率。同样,增加公司对税收地位的可选择性应该朝限制公司税在税收优惠之下的方向回落。但是要注意一点,这些虽然都听上去对投资者很有利,但是"新哈伯格尔"观点认为,工人越来越多地利用公司税运用边际税率减少的方式来获取本属于投资者的利益。

持续的金融创新的第二个重要内涵就是美国国际税收。即使国际资金流动性不变(我接下来要讨论的趋势),金融创新将可能影响国际税收规定在实践中如何运用。例如,如果不断地复制美国特拉华州的公司创设方法而不是在具体实践中作出选择,那么美国居民公司将变成需要适合全球纳税的苗条芦苇(slimmer reed)。进一步来说,如果资金流变化使得税收体系更难察觉,因跨境资金流引起的税收结果——如对美国公司从国外遣返回国或者外国人来源于美国的消极收入征税——则更加容易规避。相应地,即使潜在的资本流实质上毫无变化,美国国际税收规则将会面临不断增加的金融创新的压力。

## 提高全球资金流动性

正如我多年前提到过,"在国际税收文献中,我们只要翻阅一下开头段落就不难'认识'到我们生活在一个全球化(不断升级)且国际资金流动的时代"(Shaviro 2002,317)。这个影响我至深的观察,正是因为它的真实性,却那么令人沮丧地老套。

其他人也说过类似准确无误的话,"更大的资本流动性和国际税收竞争允许投资者通过将资金转移到低税收甚至是零税收的地方来轻易地避税"(Avi-Yonah 2000,1575)。他们担心这样会极大地削弱现行所得税的累进性。通常的政策计划,如果偏好累进制,就是运用国际合作来阻止公司利用税收竞争要求低税率或者将经营活动转移到低税收环境中去。

这一计划在三方面受到置疑。首先,这个政策非常难以获得成功。世界上数以百计的国家,所有的政府(起码其中的一些)潜在地从提供比邻国更低税率中得到好处,从而吸引商业投资和增加税收总收入。即使所有国家都应该合作,但是做一个孤胆英雄也不一定需要支付代价。考虑到这方面因素,我们不仅要考虑到,很可能商业投资和税收收入会输给其他国家,还要看到即使投资流失是对税收制度的回应,那么同时证据显示公司税也有可能由本国工人负担(在第四章中讨论)。

其次,即使人们可以用国际合作来重新建立"旧哈伯格尔"世界范围内的封闭式经济局面,公司税的累进性仍然不明确。即使不去管哈伯格尔指出的适用公司税的特别部门因素,它可能会导致令人惊讶影响结果,他回应税收的零储蓄假设可能会受到挑战。不论是对公司还是其他组织来说,越是因为资本税收增加而减少积蓄(这是一个在经济文献中保持对立的实证性问题),对资本收入征税的累进性就越小。

最后,只要富有个体相对稳定,而不是各自从高税收国家迁徙到低税收国家,对于一个国家来说,不管累进性如何(缺失储蓄因素的回应)或不管公司是否将投资从高税收国家转向低税收国家,该国在理论上是可以获利的。根据定义,世界性的以居民住所为基础的个人所得征税,如果在实践中有效地施行,可以阻止减少累进性税收的纯粹投资转移。确实地,即使存在外国税收抵免,税收竞争仍然不会消失,只要居民个人最终以地方决定的税率纳税,而不论他们是否在国外已经支付来源收入税。来自税收竞争有关公司投资的累进性威胁完全具备在公司层面衡量税收负担的功能,而允许推迟甚至永久避免投资者层面税收。这反映出国内税收政策力量的平衡,而非仅仅因循不可避免地从全球税收竞争甚至实体层次税收管理优势的角度来看待问题。

如果全球税收竞争建立在实体层面税收基础之上,那么人们完全可以期待美国政府通过降低公司税率的方式,来面对不断提升的压力参与竞争过程。这些近年来已经真正获取实力的政治力量偏好这一转变,反映出不仅商业利益的政治力量(虽然这可能是事实),而且权衡国家利益的实质性争论都赞成加入。例如,降低美国税率可以鼓励(或者减少阻碍)在美国投资而不是投资到其他国家,还鼓励将在地理上模糊的收入税收申报为美国境内所得而不是国外来源所得。经济行为的真正转变和应税收入地点申报转变都可以成为国家利益的来源,尽管它以其他国家财富减少为代价(这就

第九章 正在出现的崭新世界

是通常所说的参与税收竞争的动机所在)。

即使降低公司税率使之明显低于最高个人税率无疑是一个好办法,但这会提升管理公司和个人所得税体系关系的税收政策挑战。例如:这将可能会导致莫顿·米勒观点相关性增强,该观点认为提高高收入栏目的个人通过股权投资代替公司债权或者非公司实体的收入而获得的优势。一个重要的利率差额可能同样会增加想要使用投资层面税(不论它是否与公司层面税结合为一体)作为保证对这些个人适用他们期望税率的方式。

## 美国政治动因的可能变化

这些年来美国公司税的相对政治稳定时期并非偶然出现。相反,这种稳定具有基础结构性和思想性的原因。如果这些稳定性的原因持续,那么——即使有公司税方面一次性制度的急剧巨变,例如采用公司一体化或者戏剧性税率降低的方式——人们仍然有充分理由期待在新制度大致轮廓内达到新稳定。如果基本的政治动因发生充分的变化,不管是否经历过戏剧性的制度变迁,将来年复一年的稳定状况却很难预料。

政治预测通常充满危险。英国首相哈罗德·威尔逊(Harold Wilson)曾经提到,甚至一个礼拜对于政治来说都是一段很长时间,而对于长期法律稳定性的评价要求通过未来很多年来观察。任何预测税收政治向何处去的意图都要求"深入到有风险的未开发领域"并因此只适合"勇敢的心"。(Shaviro 2008b,31)

然而,显然有足够的理由担心未来美国公司税制可能远远没有近来这段时间稳定。这种担心源于三个主要原因:更极端化和更政治党派驱动的税收立法政策的出现;暂时性税收立法越来越受欢迎;持续攀升的预算赤字将引发财政持续性问题的出现。

从第一个因素开始,近些年来,党内凝聚力、民主党和共和党之间意识形态差异在美国立法进程中急剧增加(Fiorina 2006,241—242)。尤其是共和党"开始变得像一个传统意识形态的欧洲政党,在所有竞选投票中坚持严格的政党形式……[并]严惩与政党界限分离的内部意见不同者"(Gilwan 2004.2)。而民主党尚未在这个方向上走得更远,他们在最近的立法投票中表现出了比之前数十年更强的政党凝聚力(Fiorina 2006,240)。

投票中更强劲的政党路线可能引起美国税收立法进程的运行更像以前的国会体制,尤其当总统所在党派控制国会两院时的状态。因此,一方面考虑到2001年和2003年的差异,当共和党领导时,在无民主党支持下通过了白宫推出的主要税收立法,而另一方面,在1986年,尽管两党领导者都支持,基本所得税改革的通过仍遭遇极大的困难阻力(Birnbaum and Murray 1987)。而更多自上而下的立法进程比相对分散和分权的系统更容易作出重大的税制改革,这并不一定意味着不稳定,或者该政策将会像政党控制的钟摆一样来回蹒跚而行。毕竟,以美国的标准来看,欧洲议会制国家的税收政策也不一定不稳定。

使美国税收立法过程更类似议会风格的潜在不稳定根源是,近来民主党与共和两党之间政治竞争的特殊动因。一般情况下,在两党制中,各党都有走向中心争取中间选民的政治激励措施,这些中间选民的偏好可能介于两党各自意识形态追随者之间(见Downs 1957,117)。其结果是,"两党选举体系(可能)会倾向于产生的竞争候选人,正如乔治·华莱士(George Wallace)在20世纪60年代有名的抱怨中提到,这些候选人之间'其实没什么不同'"(Shaviro 2007a,129)。即使党派之间分野很清晰,就像20世纪80年代罗纳德·里根统治时期,这种现象会产生中间派与两党的合作(131)。因此,在里根和老布什执政时期,政党之间的合作不仅仅在1986年税收改革立法上(包括公司税率从46%降至34%),而且在反复的赤字削减支出时协同提高税率。但是这种政党合作在20世纪90年代早期结束了,届时共和党骤然变成右倾并开始遵循著名"能量化基础"(131—134)的政治策略,或者赢得意识形态狂热而有充足动机采取行动的选民。

从竞争中间选民的立场看,共和党的政策在克林顿和小布什时期突然右倾看起来令人惊讶与反常。其实它们都经过了深思熟虑,至少经历过一个考虑期,反映出"能量化基础"政策抵销放弃中间派损失的潜在有利于政治上的成功。如果相对极端的选民"在决定是否选举某位候选人时,对意识形态的距离比一般中间派敏感得多"(133),那么放弃政治中间派就能够通过急剧增加的观点,更接近边缘的选民,来"偿付"丧失温和派选票的代价。

这个战术转变,不管是否有效,经过两党关于美国总体税收政策,包括

## 第九章 正在出现的崭新世界

公司税方面意识形态极端不同的出现,看上去应该已经完成。例如:公司一体化是由共和党引发,而被大部分民主党人拒绝的政治事项。这一分野导致目前直到2010年到期的15%股息税率的不确定状态。同时,从收入税制转变到消费税制(将在第十章介绍),这可能会对公司税产生很大的影响,而这几乎纯粹就是共和党为之奋斗的目标。另一方面,民主党最近有好几次偶然机会支持美国国际税制向接近真正全球税收体系靠拢④,而当时共和党倾向赞成向免税方向迈进(至少保持原状)。总体来说,分歧的范围轻而易举地比以往更大。

无论党派间关于税收政策的不一致性从因果关系上更多地是策略性的还是意识形态性的,它未来会比过去对规则的来回变动和不稳定性产生更明显的影响。假如公司税率、股息红利税率和资本利得税率的这些特征比以往更加急剧与频繁地上下波动,抑或假如体系的结构性变动开始今朝立明朝废,那么税收筹划可能受到巨大影响。公司可能不仅需要经常细致考虑目前的规定,而且要考虑可预期未来的规定。

预示抑或甚至保证每年变化的国会暂时性税收立法实践不断增加将会导致事情变得更糟。即使拥护者公开计划促使这项法律永久化,到期废止的日落条款已经提上议事日程,这在小布什执政之前是很少见的,但到小布什执政时期便成为一种标准操作程序,不仅应用于减少股息红利税率,而且适用于大多数税率降低立法中(Viswanathan 2007, 657)。它的主要目的是以参议院程序性规则的形式避开预算限制,这些规则需要对超过10年削减税收政策的绝大多数支持(667)。其次,日落条款允许有争议性变革的支持者将我在其他地方提及并得到承认的长期税收成本最小化:

> 一个见利忘义"诱饵与转换"的游戏。首先,[国会]通过有期限的税收削减日落条款,估计该政策在10年时间里需花费3500亿美元(给出理由这个政策会被废止)。然后,当拥护者采取行动取消这个废止,正如他们提前已经许诺的事情,他们会谴责任何试图"增加税收"新提案。简而言之,[测量税收成本]的底线可能会遭到欺骗性地改变,任何

---

④ 因此,在2004年总统任期内,民主党被提名者John Kerry参议员主张严格限制递延纳税。2007年众议院筹款委员会主席Charles Rangel也向着一个真实全球税收体系迈进。

时候都缺乏诚信的财务核算。(Shaviro 2007a,50—51)

政治竞争和分享利益在稳定政治统治下共存,这是只有在一个健康政策制定环境下所能料想的行为。相反,在一定程度上反映了党派和意识形态分歧可能促使短视和不负责任的行为,它不可避免地会使商业筹划更加困难和不确定。

当暂时性的税收立法自始至终意味着到期废止时,它也能促成不稳定性。一个最近引人注目的例子是:2004 年国会通过表面上一次性股息免税期,它用来作为国外来源收入从而控制外国公司遣返回国的股息红利免税过渡期。美国跨国公司利用这一免税期优势,(仅仅一年)在遣返回国收入上将适用的税率降低至 5.25%,2004 年末,它们将"8,040 亿美元海外商业运营累积收入中的 3,000 亿美元免税收入遣返国内"(Weiner 2007a, 853)。这立刻导致税收收入增加 70 亿美元,虽然长期净税收成本可能会多达 390 亿美元(853)。因为可以推断真正一次性的免税期不会影响公司随后的遣返回国决定,明显的教训是,一旦如此实施一次之后,假如公司用等待下一次特殊政策优惠的方式回应,将导致不断增加的锁定和经济扭曲效应。

可商榷的是,2004 年外国股息税免税期更广泛意义上的教训比未来可预期锁定效应更加令人沮丧。2004 年国会的意愿是利用时间不一致的预算噱头来提高短期税收收入和满足游说者(见 Weiner 2007b, 855),这可以告诉我们暂时税收立法程序方面的一些事情。表面上一次性免税期不比拥护者坚持永久存在的日落条款普及面小,它根本不是一个早期美国政治时代的简单特征。

最后一个越来越引人关注的公司税稳定性因素是剑悬于顶而不断增加威胁的美国长期财政缺口。目前美国税收和支出政策显示出不可持续性是由于计划收入不足以支付计划支出。实际上,近来该差额有估计现值,在目前有 98 万亿美元,或者相当于当前所有计划未来美国国内生产总值现值的 8.76%(Auerbach, Furman, and Gale 2007,773)。这一估价的内涵是相当严肃的。将美国预算放到一个长期可持续的进程中要求:

> 对 34.2% 无利息财政支出永久性减税或者永久性地增加 50.8% 的税收收入……弥补差距的缩小手段将会更加严酷——例如,增加 82.1% 的所得税——而且消除所有任意性财政支出尚不足以满足要

求。因为财政缺口测量出必须立即财政调节的数额大小,如果行动延迟也会产生必要的调节(773)。

在这种财政环境下,我曾争论道,"没有什么是真正安全的,没有一个政府承诺能够被想当然地持续些许年份。甚至社会安全和医疗支出也将被大幅削减,没有一个参与者能承担得起依赖政治惯性来保护他们现在所拥有的东西"(Shaviro 2007a,50)。

当这一政治影响比预期美国公司税制的未来路线进展得更好,很明显他们会延续该影响。确实,新观点在这种不稳定政治和财政环境中比起广泛政治共识和充足净收筑起壕沟的盛行现状缺少真实感。然而,这个问题很明显比以往宏大。如果立法通过,预计公司税收扣减会继续存续吗?有没有让美国涉外税收制度趋于稳定的体制存在呢?从某种意义上说,国会试图努力攫取短期税收收入,而不论这笔钱看起来从政治上还是管理上能够轻易获得?如果美国财政问题恶化而预期的日子步步紧逼,商业部门该如何应对呢?这些都是我们今天很难回答的问题。

# 第十章　公司一体化

考虑到公司税的四个主要经济扭曲的意义不明,那么很自然地就会询问我们是否可以用采用公司一体化的方式来消除几个经济扭曲。然而,就像我们将要看到的一样,在现实政治和管理限制的世界中,怎样甚至是否采用一体化的问题比人们想象中的还要模棱两可。显然,一个对所有商业收入一次性征税,所征的税率又不依赖于组织形式或金融工具设计的异常因素的制度将具有潜在的吸引力。但一旦有人关注到具体的一体化提案及其可能性影响,尤其是考虑到美国长期的预算和政策稳定性问题时,事情就变得更加复杂。

## 哪些问题可以用公司一体化来解决?

有时候我们在探寻一个问题时听说某个解决方案,尽管缺乏明确的需求,有人向令人迷惑的世界提供了这样一个解决方案。例子包括小布什执政期间无休止的支持削减税收,滚石乐队成员在他们60岁以后无止境的巡回演唱会,以及现场剧院电影版本的史努比。

公司一体化存在于那些不必要起因相反谱系的末端。在实践中,至少从做好准备的易接触观点来看,公司一体化试图解决涉及太多问题的众多解决方案。即使人们同意现行公司税规则存在不必要的复杂性和无效率,并且对于股权融资公司税收的双重征税也意义不明,如何使该体系合理化并享有更广阔可能性答案的问题,对于基础性经济扭曲和砂石支柱可能引起合理改革动机的不同回应将使这些答案各不相同。

我们为何偏好公司一体化,最普通的答案一致地聚焦于双重征税上。然而这个答案太狭窄了,正如有关新观点和米勒均衡两者的辩论中所表明的那样,考虑到只要股东层面税从不实际支付,现存公司税结构就可以影响税收负担和经济决策。因而,思考公司一体化的更好方式是用一套减轻或

第十章 公司一体化

者消除税收的提案设计,来不同程度地改变四种经济扭曲中的一种或多种行为(在第二章讨论过)。因此,我就以简短地回顾最近关于这些扭曲行为的智力活动状态为开端。

企业实体的选择。划分到C类公司级别主要依赖于该公司是否在使用特拉华州公司法的情况下被正式地组建,或者以公开交易的方式进入世界资本市场。如果公司一体化,通过遵循将公司和非公司实体的一体化税收待遇,从税前经济立场,以纯粹建立在其优点的基础上,允许他们实行行为选择,效率将会提高。全部完成这一目标不仅要求消除双重征税,而且需要适用于公司和非公司收入的税率相一致。

债权和股票的对比。到目前为止,在债权和股权之间作出经济的选择——例如,由于它对于违约风险的影响以及对于内部人和外部人激励一致的刺激——人们想要使它们的税收也保持中性。即使纳税人可以获取他们所期望的,能独立地为纳税申报目的选择金融工具标签的经济意义,债权和股权税收待遇的分野可以导致以公司税率或者自身税率纳税之间不适当的选择。

分红还是保留收入。公司治理问题暗示,由于预计目前分红比以后分红将支付更高的税收负担而锁定公司所得不受欢迎。而且,财政和政治不稳定建议我们具备延期支付股东层面税收制度,该税的税率随时可能改变,可能受税收驱动会采纳分红决策的解决方案(以利用低税率年份的收益为目标),但是违反了税收中立原则。

分红的方式。税收对于股息红利和不对称股份回购之间的偏好可能对公司治理的依据有重大影响——例如:如果管理者利用后者股份回购从有关"真实"股份价值的内部信息中获利。当股票购回的基本补偿造成两者间在任何情况下发生分歧时,只要股息红利税率提高到资本利得税之上,税收不一致将会总体上提升(与2008年的法律相反)。

## 为何公司一体化并非易事?

消除所有导致公司税收结构造成的扭曲在理论上应该很简单,但是在实践中却并非易事。在综合性并在经济收入方面纯粹征收个人层面税的背景下,将所得定义为纳税人的消费加上它的净值变化(Simons 1938,50),人们持有各种商业实体的金融工具,每年以其市场价值的改变为基础缴税。没有什么比这更加重要了。因此,没有任何构成现存公司税制中四点扭曲之基础的法律区别能导致纳税义务有所差别,除非它们影响到税前净资产(这是纳税人在任何情况下都希望最大化的)。

只要我们有了以实现为基础的所得税,事情就好办了。然而,事情也不是那么简单。事实上,即使认定以实现为基础的公司,直接向应税收入征税并分配给股东,而没有任何股东层级实现事件的要求,这样也是存在问题的。这种"直通式"方法("flow-through" approach),从公司实体到公司所有人,在目前美国法律中通常运用于对合伙企业征税。即使这种方法曾被用在公司上,然而,四个主要公司税制度扭曲点中的部分或是全部,不管在什么情况下,都将存在下去。

例如:如果债务所有者处于收入分配框架之外,即使债务工具的价值部分依赖于公司的营运表现,债务—股本扭曲仍然很严重。公司债务工具常常拥有特别特性,使得它们在这个意义上属于股本类。一个例子是可转换债券、或者该持有人拥有一定数量可交换的公司股票选择权(可能只在特殊情况下)。就此而言,即使直接负债就其存在欠债可能而言,在一定程度上也类似股权,因此这导致公司营运处于当前价值的决定因素中。

合伙企业的税收规则是臭名昭著地富有弹性和可操作性,然而,这也导致用低边际税率分配总收入给合伙人和以高边际税率税收扣减合伙人的总收入易如反掌(Shaviro 1995,704)。因此,对公司运用向合伙企业那样的直通式税收方法向公司征税是不合适的,即使它曾经是可行的。然而,几个主要研究得出结论,考虑到资本利息的转手频率和这些利息需要的无数形式,将其应用于上市公司将面临不可预期的复杂性(美国财政部1992,美国法律协会1993)。

作为一个实际的解决方式,完美的解决办法是不存在的,企业一体化的拥护者不得不支持在一定程度上可行的解决机制。所有主流建议的目的都是为了某个层级对公司所得进行等量征税。在公司和其所有人这两个层面都征税的情况下,通常建议协调或调和各个层级的征收数额,这样至少大体上不会存在真正的双重课税。

# 第十章 公司一体化

但是,所有的这些建议都有一个共同的需要,即忙于许多关键性的设计问题并将其与双重征税是否基本消除完全区分开来。鉴于这些问题的重要性以及它们对四大扭曲的潜在影响,我在转向研究这些建议本身的主要细节之前就对这些问题进行了简洁的调查。

**公司一体化的艰难抉择**

采取公司一体化的决定将几个棘手和潜在的分裂政策问题作为必须作出的设计选择置于舞台中央。其中一个问题是,如何对付向一体化体系转型,它是具有地方性的立法变化问题。然而,在其他任何情况下,公司税的目前设计碰巧影响其他方面,看起来完全不同的政策选择是相互关联的,例如,对诸如养老保险等机构而言免税的广度,或者税收优惠到底有多慷慨的问题。公司一体化将会潜在地瓦解在这些领域里发挥作用的目前状态,即使它的主要原理在很大程度上与它们的最佳解决方案毫无关系,因而将怎样构建其结构的问题复杂化了。

**过渡**

目前公司股东在双重课税发生时获取股份且推断为倾向于维持这种状态。正如我们在第五章中所见(考虑新观点),在股票价格反映最终分配税款预期的情况下,股东从突发和未预见到的废除这项税收中获得意外收益的可能性很大。进一步阐释,假设一个合并的 100 美元的银行账户,在未来某些时候必须面对 35% 的税收分配。突然不可预见地废除那项税收将导致股票价格大于 50% 增长(从 65 美元至 100 美元)。[①]

尤其在当今时代,我们面临着严重的财政可持续性问题,关于提供这种意外收获的动机尚不清楚。另外,如果废除股东层面税收的预期早于其实际的立法,那么,在过渡期间,公司所得的锁定效应可能会增加。如果股息税明天可能会消失我们现在为什么要支付呢?(在总分类账的另一方面,公司一体化的预期也会由于在过渡期内暗示双重课税面临消亡而增加对新公司权益的激励。)

---

① 可推断地,在此观点下,当 2003 年税法规定 15% 的税率时存在意外收入,这是基于其不可预见性并期待(尽管日落条款)一直实行下去的假设。

在理论上存在根除意外收益的机制,例如,通过限制新公司股本执行后的公司一体化所带来的收益,或者通过在执行时对旧股本征收一种一次性抵销性质的税收。② 然而,如果证明这些机制无论是在政治上还是从管理上都是站不住脚的,那么不欢迎意外收益的主要内涵可能就是开始采取公司一体化的方式减少吸引力。

**股东免税的对策**

很多应纳税美国公司的各种股东,都并非他们自身在法律上或实际上应该纳税。例如慈善机构税收免除(例如获取大笔捐款的大学),为着他们的投资者利益持有税收优惠退休储蓄的养老基金,从边际的角度看,有其他纳税年份亏损结转的纳税人,还有那些不受美国税法管辖的外国人(例如:由于在美国和该居民所在国之间签订的税收协定),会从美国所得税中有效地扣除出去。

在现行法律下,当这些股份持有人实际上通过应纳税的美国公司缴纳公司实体层面税,这些税收免除将会使他们从有效地消除他们目前支付的税收中获利。同时,当(根据米勒均衡)这给予他们投资债券而不是投资股票的动力,他们并不经常这样做,反映了用这两者之中任一标签获取同样经济效果的持续性困难。因此,例如,哈佛大学350亿美元的捐款有相当大部分由股票组成。③

如果公司一体化是通过削减公司实体层面税来完成的,那么税收免除将从有效地消除他们目前(尽管是间接性的)所支付的税收中受益。这可以有争议地看作是与公司一体化动机无关的政策变化,如果我们认为免税与正向的边际税率不同,个人投资者大概应该基于他们在公司所得来缴纳税款。④ 因此,除非存在政策上和管理上都可行的工具,来保持对免税对象实

---

② 作为前面方法的一个范例,参见美国法学会(1989)(主张通过股息红利抵扣达到公司一体化将被局限于新股权)。在之后的一个范例中,参见 Auerbach(1990,115)(建议通过允许所有公司股权红利抵扣但是对现有股权可预期现有价值征税的方式也可以达到同样的政策效果)。

③ Geraldine Fabrikant, "Harvard's $34.9 Billion Endowment Makes Its Choice for New Chief," *New York Times*, C-1, March 28, 2008.

④ 税收免除面临的零边际税率可能与其他纳税人正税率考虑不同,后者基于有限的补贴而不是将所得税作为执行分配目标的工具(例如基于按能纳税设计纳税义务的税基)。

行间接征收,任何从目前体系中扩大他们税收利益程度的转变都会权衡,从公司实体层面而不是从所有者层面征税。然而,这需要与偏好选择适用股东层面的其他理由相比较,如避免对纳税人选择公司实体还是金融工具产生偏好。

### 公司层面税收优惠

在目前法律下,当税收优惠的利益在公司层面享有,税收优惠的所得通常会在分配给股东时丧失。因此,假设一个公司持有市政债券(它由美国州和地方政府发行),其利息通常能从美国所得税中免除。如果公司将这部分免税利息收入分配给股东,股东收到股息红利之后是应税的,就好像确实接受了任何其他形式的公司层面所得一样。

公司一体化可能潜在地破坏有关从税收优惠中受益程度的目前运作状况,尽管采纳它的动机可能和他们应该多慷慨在这个问题毫无关系。特别地,简单地消除股东层面税可能会导致公司青睐的税收优惠措施的有效性扩大。一种维持目前平衡的方法就是,将之前已经征收公司层面税的收入排除在公司分配给股东的利益之外(如果在一体化过程中采用该方法)。布什政府2003年免除股息税的提案已经做到这点。

然而,这一方法创造了在公司层面税收优惠收入的锁定效应(除非新观点因素得以应用),与此同时,可能会挫伤运用公司这种形式作为税收优惠投资的选择。在理论上,人们试图通过运用轻微优惠而不太慷慨的方式区分不同意见而非全面一致,不考虑它们是否受到全公司的欢迎,但在实践中这种"公平的妥协"(fair compromise)解决方式,至少在短期内,似乎看起来在政治上是可行的。

### 跨国界问题

当国外股东持有美国公司的股票或者美国股东持有国外公司的股票时,公司一体化可能会潜在地中断现存的税收模式。美国政府目前没有对两个层面同时征税,而是通过向国外股东征收预提税,而须提税常因双边税收协议而减少或者消除,这使是否一体化以及怎样一体化的问题变得更加复杂。

在理论上,如果公司一体化在国内是个好主意,有人就会觉得在跨国背景下公司一体化也是好想法。因此,在确认公司收入不会重复征税的情况下,公司之间相互合作对于国家来说(假设他们认可一体化的优势)可能是最优选择,即使公司和某特定的股东是两个不同国家的居民。如果假想所得来源地主义税收将享有优先权,尤其是在跨国背景下,这可能暗示美国(1)不应该对国外股东来自于美国公司的股息征税以及(2)应该以某些方式考虑外国公司的美国股东已经缴纳外国公司税。然而,即使在双边基础上值得作出这些让步,至少其中第二点在单方面实施时不可能实现美国的最佳利益⑤,而且容许其中任何一个在先锋位置可能不如像杠杆一样同时运用这两个更便于在条约谈判中要求互惠。

## 公司一体化的主要方式

### 在何处征税的问题

公司一体化可以采用多到令人目瞪口呆的方式。但是,关键的设计问题,即假如消除了双重征税,那么如何安置留下来的那一重税收问题。理想中,它可以纯粹在个人层级,这样做的结果是,不管通过公司和/或者持有股权的方式进行投资,在所得的计算和适用税率方面毫无差别。

但是,一旦排除投资者向公司投资的流量纳税制度,纯粹在个人层面收税的情况就变得不再明朗。从管理角度来看,从公司层面征税会更加有效,因为相对于对所有的投资者征税来说更为集中,而公司总部是寻找相关交易信息的最好地方。进一步来说,等公司层级所得在投资者身上实现,例如通过股票买卖或者收取股息,这种所得税在更广的背景下是不可行的(在第二章已经提到)。假设我有一项每年收入为10%的投资,不管它是存在银行账户里或者运用于非公司商业形式。所得税在现在税基上实现每年10%的返还,即使这些钱在银行账户上或者用在商业实体上而不是取出使用。

---

⑤ 如果外国股东在美国投资不能获取像在世界其他地方一样多的回报,他们将不会在美国投资,在此基础上单方面地免除外国股东的纳税义务还合情合理。但对于投资于国外的美国股东而言,对外国公司单方面的税收抵免违反了体现国内中性(在第九章讨论过)的单边国家自利理念,在这一背景下,因为可以推定美国个人居民有总体预算限制,从而有关公司投资的目标无法应用。

# 第十章 公司一体化

如果单纯征收投资者个体层面税收，而已经实现的公司所得，即使从公司中提取出来也不用缴纳目前应税的公司层面税，那么公司必然为投资者转入免税储蓄账户之中——如果不是我们通常执行下去，这是一个说不通的方法，例如不用运用公司层面税收，却以消费税代替所得税。

基于这个理由，几乎所有的公司一体化方法导致，至少在一定程度上，从公司层级来征收公司所得税。然而，这些公司在这一层面上应该在多么广阔的程度上定义税收，并且他们为了避免或减轻真正的双重征税如何确切地区分这两个层面的税基或者协调其他潜在的重复征税。

### 股息免除（dividend exemption）

如果不是从学术上看，在政策制定者之间，虽然利息支出有时包括在内有时扣除在外，公司一体化的主流方式是免除股息税（除了保留公司层面不可扣除的部分以外）。这就是小布什政府在2003年提倡的公司一体化方式。其他提案的关键特点包括提留股东层面的资本利得税和限制对以前纳税的公司所得分配进行股息排除的规则。[⑥]

虽然该提案在很大程度上消除了双重征税，从其他方面来说，其政策收益将会令人失望。尤其是，考虑到变化的边际税率，它会保留所有经典的公司税制的四点扭曲（即使一定程度上有所缓和）。采用公司这种实体方式的税收有利条件相对于特定投资者税率而言仍然依赖于公司税率。债权与股权之间的选择仍然会保持扭曲，税收免除青睐前者，而那些适用于个人的边际税率超过公司税率的人则青睐后者。由于人们原本偏好少纳税，在公司层面纳税的收入分配随着增值股票的销售未被征税。最后，股息分配相对于在股票增值时回购将仍然会得到税收优惠。考虑到小布什政府不愿意为其提议的减税融资，所有这些改善建议将以长期的美国财政缺口为代价。

### 股本融资收入的一体化双层税收

当流入式（flow-through）公司税收的不可行性阻碍了投资者税率适用于

---

⑥ 为了限制在公司层面而非分配后收入资本利得税的潜在适用，本来应该允许公司宣告认定的股息红利，虽然没有实际支付，将被看作他们首先分配给股东然后再投资，因而为任何随后的销售提高股票的税基。

以其目前所得为税基的收入份额,世界各地许多国家曾经试图在投资者接受公司分配或者销售他们股份时,将之后的税收调整一致。主要的机制称为归结制税收法。

**归结制税收法(imputation method)**

归结制税收法的基本思想就是将公司层面税和股东红利税结合起来,但是相对于把纳税视为股东义务来说,将所缴纳公司层面税扣除,就不会产生真正的双重征税。因此,假设公司税率是35%,而我获得一份股息,考虑到股息应该是公司税后支出,即在65美元额度之内。从税收目的看,我已经接受100美元(例如:我的总体收入已经加入了公司层级已纳税收这一部分)。但是35美元的公司层级税款不仅仅包含在总额之内,同时也能要求作为我的收入分配的税收抵免看待。

因此,如果我的税率和公司税率一样是35%,对我来说我获得的股息红利就不存在任何最终的税务后果了。相反,如果我的个人税率是40%,我在这100美元中抵免35美元税以后仍然要缴纳5美元税收。如果我的税率只是30%,就等于放弃适用税收抵免的限额规定(和国外税收抵免限额相类似),那么因获得公司分红,我从政府得到了5美元。那么实际上,由于适用税收抵免时没有任何限制,公司层面税仅仅就是一个预提税,就像根据现行的个人所得税基于雇员薪水征税一样。

和排除股息相比较,通过最终调整股本融资的公司所得来反映投资者的边际税率,这种归结制税收方法减少了在实体选择方面和债权与股权选择方面因税收导致的扭曲。这可能潜在地使得股息排除相对于公司一体化来说更好,但近几年来全球运动都在远离它,因为考虑到这种方式在实际运用中的复杂性,例如:确定什么公司层级税和特殊分红有关(Ault and Arnold 2004, 327),还有国家之间跨境合作问题。然而,加拿大、澳大利亚和新西兰仍然保留归结制,这种方式在美国也同样明显地提议过。(美国法律协会1995年)

**股息扣除(dividend deduction)**

一个实质性类似的公司一体化方法会导致公司可把股息扣除,而要求

# 第十章 公司一体化

股东将接受的股息视为税前的正常收入。从表面上看,这种体制和归结制税收方式有很大区别,因为分配产生公司层面的退还税款而不是在股东层面进行税收抵免。但是,在本质上这两种体制很类似,有效支付股息都改变了从公司层面到股东层面的可适用的税率。

为了说明这些,再考虑一下上述那个公司税率是35%而个人税率为30%或40%的例子。如果一个公司赚了100美元而没有立刻分红,公司需要缴纳35美元的税款,留65美元作为税后收入。但是,如果支付了100美元的股息,它可以得到35美元的税收退款,因此,公司就可以支付给股东100美元了,股东则需要根据边际税率支付30美元或者40美元的税款。在完全现金流的条件下,这相当于在有些情况下该公司支付了不退还的35美元税,但它开始被看作与其自身义务相对应的可返还的税收抵免。⑦

尽管如此,股息可扣除性比归结制税收方式应用较少,主要有以下两点原因。第一,当公司在亏损年度支付股息,如果亏损基本上是不可返还的,那么股息扣除就会失去价值。第二,如果有人偏好保留现有的公司层面税中税收豁免的间接征收,那么使用归结制不可返还的抵免可能会比试图从其他税收豁免中征收股息税在政治上和管理上更为容易。

**综合性营业所得税**

即使不管近来对其复杂性的抱怨,归结制税收方式是可行的,但是依靠债权和股权的区别,至少在根基上保留了一个沙石支柱。1992年,美国财政部发布了一个关于公司一体化的报告,该报告阐述了如何通过采用所谓的综合营业所得税(CBIT)来设法消除这种区别。综合营业所得税适用于各种商业企业,不管它们是否以公司形式设立,而小企业除外。第一步,它使得股息对于股东来说具有可扣除性。此外,综合营业所得税(不像股息扣除)会通过利息支付同样地从基本构架扩张到公司的债务融资收入,它不少于股息,而两者在公司层面都不可扣除并且接受方可将其排除在外。

因此,对于公司收入(或其他形式企业)而言,综合营业所得税将会消除

---

⑦ 在上述案例中,是否人们使用归结制方法或者股息扣除方法,整个结论如下:(1)公司以零现金结束;(2)以股东30%税率计政府获得30美元或者以40%税率计政府获得40美元;(3)以30%税率计股东税后获得70美元而以40%税率计股东获得60美元。

所有的投资者层面税收,但也有一种例外的可能。在没有采取明确立场情况下,财政部的议案表明,争论围绕支持这一观点,那就是持有企业金融孳息的投资者,例如持有公司股票,当他们溢价卖出时需要缴纳资本所得税(也可以冲抵资本亏损)。这表明当没有理由对还未分配的公司所得在投资者层级征税,假设已经在公司层级征过税了,可以在其他情况下要求缴纳投资者层级税。例如:假设某股东可以将自己的股票出售来收取利润,即使所有的公司收入已经以红利形式分配,原因有以下几点:(1)在公司层面公司所得通过税收优惠得到庇护;(2)公司资产未实现升值;(3)未来企业收入预期价值的改变。在这些案例中,投资者层面税在以实现为基础的所得税下是合适的,尽管潜在地以创造锁定效应为代价。[⑧] 但是,财政部的研究将是否(包括如果这样,如何)征收这种税的问题留到了另一个议事日程。

综合营业所得税可能会比股息扣除或者甚至估算法在消除四个基本的公司税扭曲方面走得更远。如果营业税除了小企业几乎都适用,实体选择与商业实体而不是雇员的选择就不再是问题了,这可能由于边际税率的差异显得重要起来。进一步来说,税收对待债权和股权方式是一致的。在股息和回购股票之间的锁定效应和偏见的存在依赖于投资者层面的资本利得税是否保留下来。

### 工商企业所得税

2005年,一位杰出的税务执业者爱德华·克莱恩伯德(Edward Kleinbard)(之后成为美国国会税收联合委员会首席税务官员),他提出了综合性企业所得税(BEIT),这个类似于工商企业所得税的公司一体化计划不仅普遍适用于工商企业,而且在消除债权与股权的区别上也发挥作用(Edward Kleinbard 2005,2007b)。然而,工商企业所得税将综合性企业所得税消除区别的方法翻转过来。工商企业所得税通过否认企业层面的利率扣除,实际上将债务作为目前法律中的股权对待,而综合营业所得税通过提供每年企业层面税收扣除,即使没有股息分配也包含投资者层面税,将股权像现行法律中的债务对待。

---

⑧ 没有向投资者层面征收资本利得税,CBIT容易面临包含将所有公司层面可升值资产销售变成股票出售的避税筹划,以便于支持这些没有任何重大价值的公司但资产正在销售的公司。

尤其是，当所有的金融资本投资到某商业企业，工商企业所得税会提供企业层面的税收扣除，称为资本成本折让（COCA），COCA 在一个合适的利率基础上计算所得。因此，假设一个企业持有 1 亿美元资金，定义为以其所有资产为税基（Kleinbard 2005, 101），可适用的利率为 5%（可能建立在美国财政部债券利率的基础上）。公司享有 500 万美元的抵扣额，而不涉及实际已经分配的红利。从投资者的角度来看，债券持有人和股东一样，在税基计算时都包括从公司得到 5% 的返还，即使他们目前没有得到分红。事实上，债券和股本都被看作 OID 债券（原始发行折价）一样对待，这将导致利率扣减，即使近期没有利率需要支付，利息也会自然增长。

以上的案例中，如果投资者的金融地位的"外部"税收基础等同于公司资产的"内部"税基，最终结果类似于征收综合营业所得税的情况，除了 500 万美元（而不是零）会从公司层面扣除而包含在投资者层面之中。如果投资者和公司的税率一样，这将不产生任何税收后果。

然而，由于以下两点原因，使用工商企业所得税代替综合营业所得税有所不同。第一，投资者和公司的边际税率存在区别。使用工商企业所得税会导致投资者税率而不是公司税率回归正常（就像适用利息税所表现的一样）。第二，投资者层面包含在内的纳税数额可能与公司层面扣除的税收数额不同——前者通常超过后者。外部税基一般比内部税基更高，因为后者可能会因公司资产折旧使得抵扣减少，而前者当投资者溢价卖出金融工具时就会增加数额。

**以市场价值为税基的股东层面税**

公司一体化的最终办法是与公司层面税收一起分配，至少对公众交易公司而言，但并非将公司投资都转变成为零纳税所得。约瑟夫·班克曼（Joseph Bankman 1995），约瑟夫·道基（Joseph Dodge 1995），迈克尔·诺尔（Michael Knoll 1996）各自提出了通过已实现抑或未实现收入的股东层面税来完全代替上市公司的公司层面所得税，并用诸如股票这样的金融工具市场价值变化进行计算。因此，如果微软在某一年度支付了 1 亿美元的股息，而在外发行的股票价格增加了 2 亿美元，那么对股东将征收 3 亿美元收入的相应税款——完全不会考虑到这一年任何微软收入的会计类型方式。

164　　　这些提议引出的问题,是怎样与上市公司和非上市公司的税制相协调;以及怎么评估上市公司的财务地位(例如特殊期权或者可转换债),因为它们自身不能充分地交易而不能观察到它们的市场价值。此外,我们必须接受一个想法,那就是转移目前的税收后果至股票市场价格时有可能发生的大回旋,通常会大大超越年度收入方式的稳定性。因此,考虑到20世纪90年代股票市场繁荣,在这期间,大量的网络公司的市场总资本很高且增长迅猛并快速提升了市值,但是最后没有产生任何收益就失败了。如果此时从股东层面以市场价值为税基征税有效,这些公司的股东不得不申报高额收入,随后又通过主要亏损抵销。甚至在网络股崩溃之前,这可能已经证实了政治上的争议性问题,即流动性争议,股东可能已经没有能力缴纳未实现收入税款的现金了。

## 我们应该做什么(哪怕是任何事情)?

　　尽管公司一体化符合逻辑吸引力,但几乎没有理由对不久以后任何时候将要发生或者即便发生运行良好持乐观态度。问题在于,公众对这个想法热情有限,因此考虑到大型上市公司和其股东之间明显的鸿沟,直觉上会诉诸二者都应纳税的观点。另外,在第一章已经提到过,公司经理可能没有热情作出决定,不是因为他们希望找到一个不分红的理由,就是由于他们喜欢为目标更明确(例如特定行业)的税收利益去游说。最后,采用增加长期的美国财政缺口而不通过融资方式可能并不明智,当它政策上倾向的界限开始不明确,我们几乎无法想象国会会同意为财政缺口买单(即使财政责任变得更受欢迎)。

　　看起来通过免除股息是最流行、重要、简单地促进公司一体化的方式,考虑到它对四个主要扭曲作用有限的影响,可能实质上是最糟糕的办法。另外,如果通过股息免除的公司一体化在政治范围内没有得到广泛地接受,

165　　那么共和党努力支持公司一体化的同时,民主党仍然坚持反对,设想两党将轮流执政,这暗示着股息红利税率会有重复地上下调整的强烈预期。

　　也许这对于公司一体化支持的重新构建,正如它被视为通过债务和股本的税务处理一致来促使金融工具税制合理化的努力。这可能会包括将股

息免除和利息支出平行对待,就像在综合营业所得税 CBIT 的处理,或者采用资本成本补贴 COCA 的方法,就像在商业企业所得税 BEIT 中的处理一样。这种改革更广泛的结构特征不仅使它们在纯政策意义上比简单的股息扣除更好,同样可能会使他们与当前的政治浮躁隔绝开来。一个独立的股息税率,不管是 0% 还是 15%,都迎来了正在进行的调整,有争议的调整不会遵循股息和利息税务待遇相一致的方式。此外,CBIT 和 BEIT 两者都避免依赖同样程度地部分或者改变——当公司支付股息时——其自主决定的股息扣除。

然而,与此同时,考虑到美国公司税收结构不太根本性的变化可能要么是可取的,要么是可能的(或者最好两者都有)。第十一章将仔细考察几个主要的可能性。

# 第十一章　美国公司税其他可能的新方向

即使美国公司税的基本构造没有变化,但是可以很大程度上改善其功能。这一章将着眼三个可能的剧变方向,这些变化可能会比公司一体化的实现更有益与更容易,然后简短地提出可能会发生的问题。

## 大幅度地降低美国公司税率

美国35%的公司税率不仅适用于美国公司,而且适用于收入来源于美国的外国公司(归类为C类公司),尤其是在发达国家固守高端市场的外国公司。这表明自从1986年美国降低了之前46%的公司税率水平,在全世界公司税率骤降之后,美国一直处在边线观望状态,而其他国家近些年来进一步降低了它们的公司税率。①

这一观察的广泛传播已经形成要求降低美国公司税率的呼声,以便于融合到世界主流中去。因此,参议员约翰·麦凯恩(John McCain)在2008年代表共和党参加美国总统竞选时,他的提案以税率降至25%为特点。更有甚者,共和党比民主党更热衷于减少营业税,国会议员、众议院筹款委员会主席、卓越的民主党人士查尔斯·兰格尔(Charles Rangel)同样提倡综合的税收改革,包括大幅度降低公司税率。

其他国家比美国公司税率低,这点并不能自动说明我们应该和它们一样。毕竟,可能是它们在犯错误(可能是国内政治的压力的反映),或者它们与我们的环境迥异。例如:由于美国的领土面积大,相对缺少有影响力的、在规模上有得一拼的邻国,所以欧盟国家比美国面临更激烈的税收竞争压力看上去合情合理,其压力来自于欧盟内部国家之间、非欧盟外部邻国之间。

但是,很难否认国外较低的公司税率对美国公司税率向何处去有很重

---

① 关于相对较高的美国公司税率和其他地区迈向相对较低的税率,参见,例如,Mitchell (2007)。

# 第十一章　美国公司税其他可能的新方向

要的影响。毕竟，很明显，在这个高速并增长的世界资金流动时代，即使世界上两个最大的海洋把我们和最有可能代替我们的潜在投资地分隔开来，显然美国面临着重大的税收竞争压力。

这一章节讨论如果适当地与个人所得税保持累进性因素协调一致，以至于采纳新公司税率不会增加长期的美国财政缺口，降低美国公司税率（如降至25%）才真正能说得通。

**为什么要降低美国公司税率？**

核心的论点是，作为有效的税收竞争，美国应该降低自己的公司税率，起码要归位到发达国家的主流中去，原因有以下两点：第一，真正的商业行为将从高税收国转到低税收国，这反映了投资者对于最高的风险调整税后回报的追求。因此降低美国公司税率会同时增加有效的世界税收收入以及一国居民由于在美国投资的额外收入。

第二，即使持续经营的实际地点和所有商业活动的水平不变，我们所关心的是在何处申报应税所得。在第七章中已经提到，跨国公司有相当大的灵活性，通过转让定价以及他们如何构建其世界性借款的结构和内部现金流等工具手段，来决定他们的应税收入（和相应的来源地基础的所得税义务）应该在哪里产生。可考虑国家的税率越低，就有越多的跨国公司将会倾向于赞成（或者减少反对向该国倾斜）将应税所得定位于该地。

当然，税率越低，对于任何种类的收入的争取和申报的阻力就越小，这通常是真实可信的。那么是什么让公司税制变得特别呢？答案就是"公司"在这里被认为是一个"商业投资"的代理服务器，它们可以在相互竞争的税收管辖权之间轻而易举地转移。个人的居住地对税收的反映相对迟缓，因为他们居住的场所必然临近工作场所。税收效率的标准规范主张，一切其他条件相同，在供给和需求缺少弹性（税收反应较小）的情况下应该比有较大弹性供求的情况税率低。（见第二章）

在降低公司税率的效率性问题上，与可推断为改变原因迥异而保持原样的个人所得税税率相比，公司税率依赖于"公司所得"作为"潜在的流动商业投资所得"代理服务器的充足理由。这是我们能够通过界定公司层级应税收入的规定实际起作用的可变因素。两个概念之间的关系同样对于保持理想的累进程度至关重要,尽管最高的公司税率降低到个人所得税率的最高档次之下。

### 保持较低公司税税率的累进性

公司税率比最高的个人所得税率低很多在累进制上存在两个挑战。第一是公司层级税的影响范围会减小,第二个挑战就是应税所得从高税率的个人所得税向低税率的个人所得税渗漏。

如果公司税主要由投资者负担,就像"老哈伯格模型"所假定的一样(在第四章中讨论),那么,降低公司税率会直接减少累进性。最近的研究表明随着更自由的世界资本流动,公司税可能会主要由工人来负担,这些研究好像解决了关注的问题。然而,事实上,这些研究指出如果公司税,就像假设对资本所得征税一样,依赖于获取到期望层级的税率累进性。即使优先(和单独地)降低税率都无法达到这一效果。因此,无论采纳或不采纳这种特殊变化,使用其他工具来替换遗失的累进性应该值得考虑。通过个人层面所得税(或工资税)的可能性包括提高税率标准,扩宽税基以便于现行高端税率更有效,而美国居民将投资转移至国外这种方式是不能避免征收资本所得税的。

税基渗漏可能更严重,因此它直接地削弱了累进性。只要能避免第二层面税收,25%的公司税率(相比于35%的个人所得税)利用公司形式为有吸引力的税收庇护所提供股本融资,这种行为可能与合理地提供较低的企业税率没有任何关系。地方独资企业所有人、人们为企业提供服务或者家务劳动,不管他们到底是雇员还是独立承包人和持有投资组合的人们,他们都有理由组成公司以便于利用更低的税率。

这对于美国个人所得税来说是一个令人感到熟悉的话题,反映了数十年来公司税率经常比最高等级的个人所得税显著低下。现在已经有相关税收规则对这个问题产生了影响。例如:个人服务公司规则处理了关于入伙雇员的案例,而个人控股公司规则和累计所得税针对合为一体的投资组合案例。② 然而,这些基本上仅仅是针对最异乎寻常案例的反滥用规则,以及

---

② 参见《国内税收法典》第269A节(个人服务公司),541—547(个人控股公司),和531—537(累积收入税)。

可能反映了在过去一段时期最高级别的个人所得税率太高以至于向个人强加的税收吸引力不如(比如今天用35%税率)实际征收得多。

因此,通常更为普遍适用的方法是可取的,它既可以通过正确的税收筹划阻止法律漏洞,也可以使35%的税率更普遍地适用到潜在利用公司形式的个人。一个方法是使用"合理薪酬(reasonable compensation)"规则要求封闭型控股公司的自我雇佣者(emplyee-owner)支付给自身足够的薪水。为了说明这种潜在的问题,假设我独自经营某法人企业(例如干洗店、餐馆或者对冲基金),几乎所有的收入都是来源于我的服务性质的劳动。我可能没有如同从第三方所有者那里得到薪水那样,为我自己用公平价格开支薪水的经济动机(正如我是自己公司的雇员),因为这实际上就像只是把钱从我的左口袋转移到右口袋一样。

在现行法律下,既然最高级别的公司税率和个人所得税率都是35%,我就不再存在给自己支付过低薪水来降低所得税的动机。实际上与此相反,我可能希望超额支付给自己薪水(其中所得的一部分来源于资本收益而非本人的服务所得),以便于我从公司提取现金而不用冒征收股息红利税的风险。考虑到这种情况,在现行所得税纯粹适用于"合理薪酬"的超额支付部分,而非不足支付薪水给自我雇佣者。在全新的25%的公司所得税率制度下,表面上的不足支付可能是最值得应对的情况。③

较低的公司所得税也给米勒平衡(在第六章中提到)带来新生,它使公司股权投资税肯定相对于持有债券更受高税率投资者的欢迎。这可能会相当大地增加使用资本成本补贴的吸引力(在第十章讨论过),在这种条件下,债券和股本都会产生公司层面税收扣除,而个人层面基于相关利率将其纳入税基之中。

**为削减美国公司所得税率融资**

如果国会制定公司所得税率削减法案(不管它多么值得赞赏)减少了税

---

③ 合理补偿条款设法解决在现有的为社会保险和医疗利益融资的工薪税下某个雇员式所有者表面上的工资支付不足。然而,这些规则通常不被认为非常有效。近来一项研究表明也许一年1000万亿美元的公司所得反映了工资的支付不足,这些支付不足是为了逃避工薪税纳税义务(Bull and Burnham 2008)。由于缺乏严格的执行,人们可能期待假如立法能在最高税率个人和公司所得税税率之间拉开10%的税率差距,上面的数字将会大幅提高。

收净收入,国会无疑不会试图为其提供融资,不管是抵销税收增加还是通过与之相称的削减支出。为什么这些减税一定要和价值几十亿(超过水平线不计其数)没有着落的减税以及国会自从2001年就兴高采烈地忙于制定的一个正常基础来增加支出的规定有所不同呢?即使有区别,也没有明显的证据说明通过政治上考量长期预算限制或正在增加的风险,美国可能走向财政彻底灾难性的垮台。

然而,无法为削减公司所得税融资作为普遍的预算问题不仅仅是一个不良政策。它同样会直接破坏投资者认为减税是合理和稳定的预期。制订一套相对不能长期保持稳定的财政政策的税收削减税率制度,实际上迎来了对该制度仅仅短暂存在的怀疑。并且现在用较低的公司所得税率的负面政策评论来换取将来提高它们可能面临更大的压力。

## 简化美国国际税收

正如我们在第七章和第八章中所见,美国国际税收规则对于境外投资征税来说几乎是正宗的糟糕体系,相对于它们所产生的纳税筹划、税收遵从和管理费用来说,税收收入实在太微薄了。由于转移到我们国际税收政策悬而未决的两极之一,许多成本会由此减少——完全世界性收入征税(包括外国税收抵免但不包括递延征税)或者税收豁免。

一个自然的反应可能是完全采用这两个对立两级方法中的一个。但是现在没有任何一极看起来可能产生抵销政治和意识形态上将美国放置于中间位置的力量,而成为彻底的胜利者。而且,每一极被严重质疑是否能够成为美国国际税收政策的背景。

完全全球征税的一极,无延期纳税但有外国税收抵免,可能会因为突然变得太严格和太慷慨而遭到批评,因为它阻止美国居民企业为获得低税率向国外投资——当公司被看做其他国家的居民企业时可以这么做——会导致资本所有权扭曲和大量通过委托人效应来逃避美国税收。然而,与此同时,国外税收抵免则过于慷慨,从单边国内立场来看,就如他们规定国外税收支付在美国纳税时全额抵扣。即使有人喜欢豁免,限制消除美国关于国外投资的税收义务,这些投资已经支付了足够的外国税收因而可以获得充

## 第十一章 美国公司税其他可能的新方向

分的抵免,这种做法不管对于美国公司还是外国政府,站在美国的角度来看都具有不良的激励效应。正如第七章中所述,全面抵免消除了对美国公司用减少向国外缴税的方式来节省美国财富的激励。同时,这会减少国外政府担心提高税收将会减少美国向它们的国内投资,因而诱惑其运用税收制度作为工具从美国财富中汲取资金。因此,在这些空白地带,国外税收抵免劣于允许仅扣除国外税收——在此时,我们将没有补偿调整(例如税率)的税收抵免向税收扣除转变的不同分析考虑放到了一边。

然而,税收免除也是有问题的。在实际中,首要的问题就是它事实上是否会消除所有权扭曲,或者相反潜在地创造对国外投资不效率的补贴,这些补贴会为来源于美国的所得享有较低税收外国管辖权创造机会。但即使假设已实现了资本所有权扭曲中性,目前还不清楚为什么人们会寻求完全消除所有权扭曲,而不是平衡它们来对抗由于税收经济生产所必然导致的其他扭曲。就像亨利克·克莱文(Henrik Kleven)和乔尔·斯莱姆罗德(Joel Slemrod)已经提到过的(2008,25)"从总体上看,完全消除扭曲不是最佳的选择:最好'随处'都有小扭曲,这比有的地方没有扭曲,而有的地方扭曲得很严重要好得多。"因此,如果从给定的国内税率和国外零税率开始,那么通过将包括稍微降低国内税率方式作为接受较低但正面国外税率的代替方法,它有利于提升税收中性效率因而在相当大程度上是可行的。

那么,也许真正的问题并不在于作为"子部分F被卡在中间"的问题(Engel 2001,1525),而在于利用延期和国外税收抵免来压低对国外投资的税收负担,如果消除延期和国外税收抵免,而其他一切因素保持不变的话,这一问题的重要性就会提升。就此而论,它的废除伴随着"降低国外收入的美国税率以便于保留所有外国在美所得税收不变"(Grubert and Altshuler 2008,320)。④

考虑到政策激励和国外税收抵免相联系,连同税收筹划和税收遵从问题和国外税收抵免限制相关联,我们可以主张调整这个提案,使其在负担中性的基础上用单纯扣除外国税收替换税收抵免。或者完全税收抵免可以用

---

④ Grubert 和 Altshuler 主张取消税收递延的负担中性号召连同为了撤销特定开支给予外国来源所得的必要分配(诸如利息)(320)——这是我在这里(也在第七—八章)忽视的问题,即阐明税率的简化。

比例税收抵免代替——支付了50%的税收,并且没有国外税收抵免的限制——以至于缴纳国外税收比支出一般企业费用更受欢迎,但是并未使美国纳税人或者国外政府对边际税率水平漠不关心。

只是为了给出该提案会在哪里彻底改变的大致正确的印象,假定估计在1000亿美元税基的基础上,每年会产生50亿美元的近期遣返回国税收(Grubert and Mutti 2002,21)。这暗示着,作为一个非常粗略的写在信封背面的粗略估算值,至少美国跨国境外公司收入的5%税率,其未被作为延迟处理且作为外国所得税款扣除,而不是抵免看待,可能是中性的。考虑到对美国跨国公司征税相对于目前产生的高水平税收筹划和高额税收遵从成本,适用一个负担中性的税率可能比他们现在缴纳税款更高。

来源于境外所得收入以5%的税率(或更高)征税不管是否为最佳选择,但似乎对于现有法律规定而言很明显是一个进步。在5%的税率下(如果这是准确的数字),当适用更高比率但负担中性的税率时,它将产生从浪费的负担向实际支付税收人身上转移,这会在现行法律下用更少的扭曲提高相同的税收收入。

这并不能否认可能存在的问题或者障碍。其一,这种转变将违反现行的美国条约义务,这些条约是关于在条约相对国征税后承认国外税收抵免。这也一定会在政治上决出胜利者和失败者,如果总体上保持负担中性,它可能潜在地使得立法复杂化。其二,一旦通过负担中性税率扣除来消除外国税收抵免,这可能增加国会在政治经济方面考虑的可能性,将会在兜了一圈之后又回到提高境外来源所得税率的起点。⑤ 这些问题都很重大,美国国际税收政策产生一种直接和明确效率改善的前景太吸引人以至于容易出局。毕竟,我们现在的情况难以令人感到满意。

## 公司治理和合法避税手段

可以改善企业税收政策的最后领域和公司治理相关,而且尤其是以股

---

⑤ 假如负担中性变化受到限制,正如Grubert和Altshuler所建议的那样,改变(如取消税收递延)而不是将外国税收抵免转变成税收扣除,三个问题中首要问题将会消除,而后面两个也会潜在减轻。

第十一章　美国公司税其他可能的新方向

东福利为代价的追求自身利益的管理手段。我们的公司税收体系不可避免地和公司治理相互作用,考虑到管理者会直接面对公司层面税收,而投资者层面税收潜在地对公司分红方式和时间产生强烈影响。

**税收政策和公司治理的相互作用**

正如我们所见,公司治理问题有助于理解从效率的角度看债务股本扭曲效应和公司所得的锁定效应特别令人遗憾,但是仅仅这两项产生于公司税收和治理体系之间大量相互作用关系。还有其他非常重要的相互作用:

- 公司治理,正如税收体系一样,利用所得方式,通过要求上市公司发布已审计的财务报表(financial statements)。由于有重叠部分,税收审计可以在公司治理其他方面很不好时,事实上提高股东监督管理行为的能力,因而实际上提高股票的价值,即使被审计的公司需要缴纳更多的税款。(Desai, Dyck, and Zingales 即将出版)

- 在两种收入方式下,管理者会有相反的激励行为,他们很希望提高报告的收入而减少应税所得(Shaviro 2007b)。一个给定公司享有两种有区别的收入计算方式已经广为人知。因此,联邦税收署知晓其最近设计的M-3 表格,要求公司解释应税所得和财务会计上所得的区别,该表格在指引审计人员考量特定税收返还可能存在的薄弱点起到重要作用(Shaviro 2008c,230)。同样的,大额超过应税所得的申报收入可能是投资者的股息,而它往往与相应的负的反常收入相联系(Desai and Dharmapala 2006)。

- 作为副作用,积极的公司税税收筹划会导致从股东到管理者对于增加的公司所得利润的意见分歧,因为这两个行为之间会产生互补性。例如,创设复杂的内部财务安排和特殊目的公司实体链条可以基于税收筹划目标,他们也可以用来为私人管理目标和防止疏忽大意(Desai 2005; Desia and Dharmapala)。

- 管理代理成本为公司令人惊讶地不充分利用降低税款的机会提供了一个重要原因(Desia and Dharmapala 2006)。例如,法律要求交易必须具有经济实体和商业目的,如果它们具备税收效力就会阻碍经常性的避税行为,因为经理不愿意承担股东必然不会介意的交易风险(Shaviro 2000a)。经理也可能会低估节税的价值,节税目前仍然在财务会计目标上太不确定而不会被索赔(Shaviro 2007b)。

由于向股东报告的价格比实际获得的收益高,所以一些公司实际上多交了税(Erickson, Hanlon,和Maydew 2004)。即使经理试图减少税收,他们仍然希望不要影响申报的收益。因此,发起人通常不能将公司避税经营市场化,除非他们的收入具有中立性。管理人员也投入大量资源到其他如同创造"混合"金融工具那样的浪费性债权设计上,这些金融工具是为了税收目的而非财务会计目的,因而产生有关应税收入的单纯利息扣除。

**利用互动优势**

试图通过税收体系解决公司治理问题并不总是进行顺利。一个恰当的例子是上市公司支付给高层管理人员的工资中只有每年最高100万美元可扣除限额的规则,(在第一章中已经提到)显然这种做法会比控制多余工资更多地鼓励提升混合收入使尚未进入100万美元年薪的人加入百万经理俱乐部,而且对其他的激励补偿也过度使用。然而,即使有人怀疑国会有通过税收法典良好调整管理激励的能力,唯一合理的做法是记住这两个领域之间相互作用的普遍存在。

一个明显的步骤,为了回应管理人员夸大账目收入的同时减少可税收入,授予投资者获得更多报税表信息的途径,并把这些信息和财务报表进行比较。至少,应该要求公司更具体地公开他们每年申报的应税所得以及纳税义务(上市公司要求的财务报表并不直接公开披露这些信息)。除此之外,在表格M-3中披露的信息提供了应税收入和财务会计收入之间的详细对账,这些信息会帮助投资者却不会(很多公司也认为通过公布税收返还可以达到这一目的)将机密的商业信息披露给竞争对手(Canellos and Kleinbard 2006)。

除此之外,有人建议要求上市公司使用同样的财务会计和税收申报目的的收入计算方式(Desai 2005)。因此,这些公司的管理者将会没法在夸大一项所得的同时利用避税手段减少其他所得,而且有争论认为,这两种收入报告的经济准确性将由于两者之间的目标冲突得以提升。普遍流传的信息暗示,经理们更多地关心提高申报收入而不是节省纳税(Shaviro 2007b, 28),最后的结果可能会增加财政收入而骤减上市公司的税收筹划。

## 第十一章 美国公司税其他可能的新方向

这个提案最大的问题就是可能使计算财务会计收入的规则设计的过程政治化。⑥ 现在,财务会计准则委员会(FASB)是一个半私人的官方组织,它很大程度上是由会计职业者运作而附属于美国证券交易委员会,它决定了界定用于计量财务会计所得的一般公认会计原则(GAAP)的美国规则。虽然不是无可非议,财务会计准则委员在制定衡量应纳税所得额的规定上,似乎会比美国国会远远不受到令人反感的政治影响,诸如从狭隘的集团利益出发以转移整体利益为代价谋求自身利益。但是,为税务目的制定一般公认会计原则几乎肯定会导致美国国会代替其工作。在有其他的"一本账"经验的国家,如德国(到近期为止),说明这种变化可能更多地低估了公司对投资者的财务透明度而不是完善税收体系。(Shaviro 2007b)

我在其他地方提到过,一本账的方法在排除国会参与界定一般公认会计原则方面会招致失败,而且还限制了管理人员从事财务报告和应纳税所得额相反操作的能力,另一个方法却可能成功。在我提出的方法下,应税所得(像其他已决定的所得)通常会用固定比例(例如50%)朝账户收入方向调整。但是,国会将会明确地受到鼓励豁免特殊税法规则(例如税收优惠)的调整,这样为了获得他们需要的税收结果而不需要降低其财务会计收入(Shaviro 2007b)。⑦ 虽然这一提案不是没有缺点——例如,它将有恶化上市公司和其他公司之间税收规则的差距风险——它对于公司管理者而言,至少能够使其利用避税工具行为和操纵所得行为的成本更高且效率更低。因此,降低应税所得而非财务会计收入的避税工具运用者在他们50%以下的提案中会损失一半报酬,而且管理者会从具有浪费性的复杂的税收—会计混合金融工具中获取更少的利益。

另一点必须谨记在心的是财务会计标准越来越国际化。很多国家都接受一套普遍的国际财务报告准则(IFRS),它由国际会计准则理事会(IASB)

---

⑥ 此外,由于两者目的不同,在财务账户收入和应税收入之间明显存在大量差别。例如,至少从税收角度看,免除外国来源积极企业收入是可行的,显然那些特别想要美国公司经济行为为计算方法的投资者将希望将外国附属机构的所得纳入总额之中。参见 Shaviro(2007b)。

⑦ 按照表格 M-3 的设计,所主张的应税所得额的调整将会建立在税收申报集团财务账户所得的基础上(申报团队的成员可能不同于财务集团的成员)。此外,考虑到公司不关心他们的公开申报收入的可能性,因为该建议可能被限制在之前正调整的数额之内,它们将利用减少应税收入的调整或者对收入作出负调整。

颁布,来代替各国国内等效的会计准则。财务会计准则委员会的负责人近期认为,仍然是局外人的美国应该考虑接受适用国际财务报告准则,理由是"这个世界在变化而且我们已经不再是唯一最大的玩家了"(Block 2007)。为了财务会计目的使美国采纳国际财务报告准则就有可能减少对国会的担心,只要国会仍然坚持完全适用特定的所得税规则,它会通过干预会计方面来回应50%规则。显然国际会计准则理事会比财务会计准则委员会更难达到这一目标,而且可能会有国内政治压力要求美国财务报告制度和其他国家使用的制度平起平坐。

一个代替的方法(或者补充的方法)是使税收规则,特别是某些无意义的分歧部分,与一般公认会计原则保持一致。它们为界定债权和股权的规则,以及可能界定美国公司拥有共同所有权的统一申报集团提供了可能的案例。

作为回应对于税收政策和公司治理之间复杂关系的日益理解,评估国会应该真正做些什么或可能做什么仍然为时过早。然而,人们用得体的信心进行预测,这种问题——包括但不限于税法和一般公认会计原则之间关系的问题——将仍然在未来几年中处于主流和重要地位。

## 一个令人沮丧的方案

我们已在这一章和前一章看到,美国公司的税收政策正朝着几个潜在的建设性方向行进。这些方向倾向于互相补充,而非互相排斥。因此,人们很容易将较低的公司税率和采用资本成本补贴(COCA)的国际税收简化相结合。即使朝着账簿方向调整50%的收入,如果为了调整的目的使用资本成本补贴,应税收入也正在准备和上述变化相结合。

### 悲观主义的理由

但是,为了这些变化的可行性,当人们再次仔细思考这些问题,它们只具有智力上的说服力是不够的。即使有政治界专家的支持,它们的立法及其稳定的持续力可能要求一个比我们现有体系运作更为精良的政治系统。采用它们可能是政治上的挑战,因为它们结合(1)概念上的跳跃,例如通过

## 第十一章 美国公司税其他可能的新方向

抛弃传统的债权—股权区别并可能使用外国税收抵免概念，连同（2）转轨时的失败者和胜利者一起，并且（3）要求善意的思想妥协和敌对阵营之间停火。例子包括保持境外投资税收负担大致恒定而不是改变先前存在税负的累进性。

美国政治制度曾经能够处理这种类型的挑战。1986年的税收改革法案就提供了一个典范的例子。在1986年，民主党和共和党联合在收入中性和分配中性的基础上扩大税基和降低税率。他们同意将各自秉持的税收政策不同意见放置一边，而且去寻求分享税收抵免的立法成果，而不是去寻找指责对方废除某些现有税收利益的机会。可以肯定，其中有助于缓解失败者和胜利者之间政治尴尬的关键因素是将税收负担向公司层面进行整体转移，使得所有个人之间的收入集团看起来好像纯粹的胜利者，因为公司税收负担不会被归咎于任何个人。目前如果有人想降低公司税率而且（或者）适用资本成本补贴将现行的部分个人层面纳税义务转移到公司层面，这可不是可选的选项。但是，在20世纪80年代，两党在某些方式上进行合作，例如在削减赤字和提供社会保障长期支付能力方面，这些举措明确无误地使目前的选民短期遭受净损失，而且因此可能会过于轻易导致我们现在经常看到的推卸责任和散布流言的行为，而非真正地解决问题。

当责任易于归咎于我们最近政治领导人的失败，近年来的政治失败可能会更具有结构性特征。Fareed Zakaria（2008）曾提到：

> 进入21世纪之后，美国从根本上不是一个经济疲弱或精神颓废的社会。但是它已经发展到高度的政治功能失调。肇始于几百年前的（现在已经有225年了）古老过时且过于僵化的政治体系已经被金钱、特殊利益、煽情的媒体和意识形态攻击团体所捕获了。结果是不断地、恶毒地争论，它们都是鸡毛蒜皮——犹如剧院的政治——和十分小的事情、妥协或者行为。一个能够干一番大事业的国家现在背负着党派斗争展开的一事无成的政治进程，而不是解决实际问题。
>
> 主要问题（健康保障，社会保障，税收改革）的进展都要求双边的妥协。它需要站在更长远的角度。而且这已经变成了政治上致命的因素。那些主张明智的解决办法和妥协性立法的人发觉自己已被其党的领导层边缘化了，失去了特殊利益群的资助，而且遭到他们所在的"一

边"在电视和广播上不断的攻击。该系统为保持党派坚定的立场并且反复告诉你的团队你拒绝向敌人屈服提供强大的激励措施。这对于筹款来说是很好的,但对于治国来说是可怕的。

**得过且过是什么样子?**

政治无法进行有意义的持久性改革将最大可能地导致近期得过且过。公司层面税率和个人股息税率很可能会上下波动,而国际税收政策会蹒跚于全球性和豁免这两级之间的位置,但是仍然没有处理公司税收政策的核心问题。

然而,得过且过并不一定意味着停滞,甚至撇开年复一年的不稳定。长期趋势很可能会减少从公司商业活动中获得税收收入,这和公司经济规模相适应;它从正在进行的转变一致,远离美国公司税的居民企业中减少税收收入;并从需要公开交易股票变成 C 类的公司中减少税收收入。曾经更加准确地使用债权和股权(在其他的财务安排中)来实现税收筹划前景的米勒平衡可能也会产生日益增长的税收收入。同时,长期突出的美国财政缺口可能会继续增长而难以忽视。如果我们的政治制度不能拿出过去拥有的成熟并且面对现实,我们在走向一个过于有趣的时代——朝着错误方向——在这个时代中,无偿低效的公司税只是很多溃烂问题之一。

## 一个好莱坞式的结局?

一个得过且过的局面伴随着收缩和不必要且不稳定的公司税,而一个正在逼近的财政危机在变得糟糕之前怠于处理,当然这也代表了我们某种可能的未来。但是我认为没有理由结束这个令人沮丧的提醒,因为悲伤的局面看起来无法避免。乐观的理由同样存在,特别是从左翼政治势力延伸到右翼政治势力中负责税收政策的专家实际和潜在地达成了共识。

例如,专家们大致同意对所有收入或所有消费品尽可能统一征税的要求。[8] 因而扩大税基和消除现有公司税的扭曲有着广泛的思想吸引力。即

---

[8] 考虑到持续的累进性,偏好消费税的专家们比所得税有所增加(参见 Shaviro 2008a)。

## 第十一章　美国公司税其他可能的新方向

使在没有共识的案例中,普遍接受的严格经验主义创造了共识产生的可能性。因此,这可能会被广泛接受,就像目前一些研究中倡导的一样:(1) 在全球资本流动的时代,公司税的负担大都通过低薪水落到了员工身上,(2) 美国通过降低跨国境外投资的税收负担不会丧失其国内投资和工作机会。普遍接受这些观念可以很大程度上方便和鼓励采纳税收中性和分配中性的公司税法和国际税制改革。

本章中已经讨论过的公司税制改革——完全融资公司税率的降低伴随着在个人层面更多申报收入,负担中性的国际税收简化以及解决避税工具和公司治理之间的相互作用——具有相当高的技术性和见缝插针的特征。因此,启发着白宫和国会领导人——跟随着,即使不是完全意义上的两党合作,那么至少是减少焦土政策销毁反对党的福利和利益集团统治——可能足以让他们有机会通过新立法。

解决财政缺口使有关公司业务活动的税收规定可以合理稳定,这显然是一个令人却步的命题。但是,即使在这里,鼓起希望并非不可能。最著名的解决财政缺口的典型案例就是 1983 年里根总统和众议院议长蒂普·奥尼尔(Tip O'Neill)通过增加税收和削减税收优惠来扩大社会保障的偿付能力。这些令人不快的措施被组合起来,使得没有任何一个政党的政策偏好能够经营这一恶化状况。此外,将需求变化具体化的任务交给一个独立委员会,这样任何一党的领导人都不会因为做了这个肮脏的工作而受到指控。

在不久的将来某个时点上,类似的过程会以更大规模(鉴于我们现在面临的更加紧迫的财政问题)发生?伴随着更为紧迫性的公共意识,如果共和党拒绝超越党派偏见和布什任总统期间轻率预算而更青睐于他们以前光荣的传统,答案可以想象是肯定的。在财政支出方面,主要需要做的是遏制支出项目的增长速率,例如医疗保险和社会保障的项目,而不是削减目前的支出水平。在税收方面,我们的箭袋中仍然有未使用的箭,它们会比提高所得税率减少扭曲性,而且长期在另一个方向上行进之后,比消除所得税优惠在政治上更为现实。这种可能性之一是增值税或附加税(VAT),这种税几乎所有其他经济发达的国家都有。第二种可能性就是碳税,这种税可以提高全球经济效率,而且,至少作为一个足够广泛的多国协议的一部分,除了能直接增加大量的收入还能提高美国的经济福利。(Posner & Sunstein 2008)

一句老话说过,"如果希望是马,乞丐都愿意骑。"目前几乎没有直接的证据说明美国税收和预算政策朝着比前几年更富有成效的方向行进。但是我们知道想要得到什么,至少是一个希望的开始。

# 参 考 文 献

Altshuler, Rosanne, and Harry Grubert. 2001. "Repatriation Taxes, Repatriation Strategies, and Multinational Financial Policy." Working Paper 8144. Cambridge, MA: National Bureau of Economic Research.

American Law Institute. 1989. "Federal Income Tax Project, Reporter's Study Draft: Subchapter C (Supplemental Study) Distributions—William D. Andrews, Reporter." Philadelphia: American Law Institute.

———. 1993. "Federal Income Tax Project, Integration of the Individual and Corporate Income Taxes, Reporter's Study of Corporate Tax Integration—Alvin C. Warren, Jr., Reporter." Philadelphia: American Law Institute.

Andrews, William D. 2007. "Comment on Dividends and Taxes by Gordon and Dietz." In *Institutional Foundations of Public Finance: Economic and Legal Perspectives*, edited by Alan J. Auerbach and Daniel N. Shaviro. Boston, MA: Harvard University Press.

Arlen, Jennifer, and Deborah M. Weiss. 1995. "A Political Theory of Corporate Taxation." *Yale Law Journal* 105:325–90.

Arulampalam, Wiji, Michael P. Devereux, and Giorgia Maffini. 2007. "The Incidence of Corporate Income Tax on Wages." Mimeo, University of Warwick.

Auerbach, Alan J. 1979. "Wealth Maximization and the Cost of Capital." *Quarterly Journal of Economics* 93:433–46.

———. 1990. "Debt, Equity, and the Taxation of Corporate Cash Flows." In *Debt, Equity, and Corporate Restructuring*, edited by John B. Shoven and Joel Waldfogel. Washington, DC: Brookings Institution Press.

———. 2005. "Who Bears the Corporate Tax? A Review of What We Know." Working paper 11686. Cambridge, MA: National Bureau of Economic Research.

Auerbach, Alan J., and Kevin A. Hassett. 2005. "The 2003 Dividend Tax Cuts and the Value of the Firm: An Event Study." http://www.econ.berkeley.edu/~auerbach/03divtax.pdf.

Auerbach, Alan J., Jason Furman, and William G. Gale. 2007. "Still Crazy after All These Years: Understanding the Budget Outlook." *Tax Notes* 116:765–78.

Ault, Hugh J., and Brian J. Arnold. 2004. *Comparative Income Taxation: A Structural Analysis*. New York: Aspen Publishers.

Avi-Yonah, Reuven. 1996. "The Structure of International Taxation: A Proposal for Simplification." *Texas Law Review* 74:1301–59.

———. 2000. "Globalization, Tax Competition, and the Fiscal Crisis of the Welfare State." *Harvard Law Review* 113:1573–1676.

———. 2004. "Corporations, Society, and the State: A Defense of the Corporate Tax." *Virginia Law Review* 90:1193–1255.

Bank, Steven A. 2003. "Is Double Taxation a Scapegoat for Declining Dividends?" *Tax Law Review* 56:463–536.

———. 2005. "The Story of Double Taxation: A Clash Over the Control of Corporate

Earnings." In *Business Tax Stories,* edited by Steven A. Bank and Kirk J. Stark. New York: Foundation Press.

———. 2006. "A Capital Lock-In Theory of the Corporate Income Tax." *Georgetown Law Journal* 94:889.

———. 2007. "Entity Theory as Myth in the U.S. Corporate Excise Tax of 1909." In *Studies in the History of Tax Law, Vol. II.,* edited by John Tiley. London: Hart Publishing.

Bankman, Joseph. 1995. "A Market-Value Based Corporate Income Tax." *Tax Notes* 68:1347–53.

Berle, Adolf A., and Gardiner C. Means. 1932. *The Modern Corporation and Private Property.* New York: Harcourt, Brace, & World.

Bernheim, B. Douglas. 1991. "Tax Policy and the Dividend Puzzle." *Rand Journal of Economics* 22:455–76.

Bernheim, B. Douglas, and Lee S. Redding. 2001. "Optimal Money-Burning: Theory and Application to Corporate Dividends." *Journal of Economics and Management Strategy* 10:463–507.

Bernheim, B. Douglas, and Adam Wantz. 1995. "A Tax-Based Test of the Dividend Signaling Hypothesis." *American Economic Review* 85:532–51.

Bird, Richard M. 1996. "Why Tax Corporations?" Working Paper 96-2. Toronto: International Centre for Tax Studies, University of Toronto.

Birnbaum, Jeffrey H., and Alan S. Murray. 1987. *Showdown at Gucci Gulch: Lawyers, Lobbyists, and the Unlikely Triumph of Tax Reform.* New York: Random House.

Bittker, Boris I., and James S. Eustice. 2006. *Federal Income Taxation of Corporations and Shareholders.* Valhalla, NY: Warren, Gorham, & Lamont.

Block, Donna. 2007. "FASB Chief Backs Shift from U.S. Accounting Standards." *The Daily Deal,* October 26.

Blumenthal, Marsha, and Joel B. Slemrod. 1996. "The Compliance Cost of Taxing Foreign-Source Income: Its Magnitude, Determinants, and Policy Implications." In *The Taxation of Multinational Corporations,* edited by Joel B. Slemrod. Boston, MA: Kluwer Academic Publishers.

Bradford, David F. 1981. "The Incidence and Allocation Effects of a Tax on Corporate Distributions." *Journal of Public Economics* 15:1–22.

Bull, Nicholas, and Paul Burnham. 2008. "Taxation of Capital and Labor: The Diverse Landscape by Entity Type." Presentation at the National Tax Association Annual Meeting, May 15.

Burman, Leonard. 2003. "Taxing Capital Income Once." *Tax Notes* 98:751–56.

Canellos, Peter C., and Edward D. Kleinbard. 2006. "IRS Should Release Schedules M-3, Not Entire Corporate Tax Returns." *Tax Notes* 110:1485.

Chetty, Raj, and Emmanuel Saez. 2007. "An Agency Theory of Dividend Taxation." Working Paper 13538. Cambridge, MA: National Bureau of Economic Research.

Coase, Ronald H. 1937. "The Nature of the Firm." *Economica* 4:386–405.

Desai, Mihir A. 2005. "The Degradation of Reported Corporate Profits." *Journal of Economic Perspectives* 19:171–92.

Desai, Mihir A., and Dhammika Dharmapala. 2006. "Corporate Tax Avoidance and High-Powered Incentives." *Journal of Financial Economics* 79:145–79.

———. Forthcoming. "Corporate Tax Avoidance and Firm Value." *Review of Economics and Statistics.*

Desai, Mihir A., and James R. Hines, Jr. 2003. "Evaluating International Tax Reform." *National Tax Journal* 56:487–502.

Desai, Mihir A., I. J. Alexander Dyck, and Luigi Zingales. Forthcoming. "Theft and Taxes." *Journal of Financial Economics.*

Desai, Mihir A., C. Fritz Foley, and James R. Hines, Jr. 2007. "Labor and Capital Shares of the Corporate Tax Burden: International Evidence." http://www.people.hbs.edu/mdesai/PDFs/Labor%20and%20Capital.pdf.

Dodge, Joseph M. 1995. "A Combined Mark-to-Market and Pass-Through Corporate-Shareholder Integration Proposal." *Tax Law Review* 50:265–372.

Downs, Anthony. 1957. *An Economic Theory of Democracy.* New York: Harper and Collins Publishers.

Easterbrook, Frank H. 1984. "Two Agency-Cost Explanations of Dividends." *American Economic Review* 74:650–59.

Engel, Keith. 2001. "Tax Neutrality to the Left, International Competitiveness to the Right, Stuck in the Middle with Subpart F." *Texas Law Review* 79:1525–1607.

Erickson, Merle, Michelle Hanlon, and Edward L. Maydew. 2004. "How Much Will Firms Pay for Earnings That Do Not Exist? Evidence of Taxes Paid on Allegedly Fraudulent Earnings." *Accounting Review* 79:387–408.

Feldstein, Martin. 1976. "Compensation in Tax Reform." *National Tax Journal* 29:123–29.

Felix, R. Alison. 2007. *Passing the Burden: Corporate Tax Incidence in Open Economies.* PhD diss., chapter 1, University of Michigan.

Fiorina, Morris P. 2006. "Parties as Problem Solvers." In *Promoting the General Welfare: New Perspectives on Government Performance,* edited by Alan S. Gerber and Eric M. Patashnik. Washington, DC: Brookings Institution Press.

Fleischer, Victor. 2008. "Taxing Blackstone." *Tax Law Review* 61:89–120.

Frank, Murray, and Vidhan Goyal. 2003. "Testing the Pecking Order Theory of Capital Structure." *Journal of Financial Economics* 67:217.

Fried, Jesse M. 2005. "Informed Trading and False Signaling with Open Market Repurchases." *California Law Review* 93:1323–86.

Fuchs, Victor, Alan Krueger, and James Poterba. 1997. "Why Do Economists Disagree about Policy? The Role of Beliefs about Parameters and Values." Working Paper 6151. Cambridge, MA: National Bureau of Economic Research.

Gentry, William M. 2007. *A Review of the Evidence on the Incidence of the Corporate Tax.* Washington, DC: Department of the Treasury, Office of Tax Analysis.

Gergen, Mark P. 1995. "Apocalypse Not?" *Tax Law Review* 50:833–59.

Gilman, Nils. 2004. "What the Rise of the Republicans as America's First Ideological Party Means for the Democrats." *The Forum* 2(1). http://www.bepress.com/cgi/viewcontent.cgi?article=1025&context=forum.

Gordon, Roger, and Martin Dietz. 2007. "Dividends and Taxes." In *Institutional Foundations of Public Finance: Economic and Legal Perspectives,* edited by Alan J. Auerbach and Daniel N. Shaviro. Boston, MA: Harvard University Press.

Graetz, Michael J., and Michael M. O'Hear. 1997. "The 'Original Intent' of U.S. International Taxation." *Duke Law Journal* 46:1021–1109.

Graetz, Michael J., and Alvin C. Warren. 1998. "Integration of Corporate and Individual Income Taxes: An Introduction to the Issues." In *Integration of the U.S. Corporate and Individual Income Taxes: The Treasury Department and American Law Institute Reports*, edited by Graetz and Warren. Arlington, VA: Tax Analysts.

Gravelle, Jane G., and Laurence J. Kotlikoff. 1989. "The Incidence and Efficiency Costs of Corporate Taxation when Corporate and Noncorporate Firms Produce the Same Good." *Journal of Political Economy* 97:749–80.

———. 1993. "Corporate Tax Incidence and Inefficiency When Corporate and Noncorporate Goods Are Close Substitutes." *Economic Inquiry* 31:501–16.

Gravelle, Jane G., and Kent Smetters. 2001. "Who Bears the Burden of the Corporate Tax in the Open Economy?" Working Paper 8280. Cambridge, MA: National Bureau of Economic Research.

———. 2006. "Does the Open Economy Assumption Really Mean that Labor Bears the Burden of a Capital Income Tax?" *The B.E. Journal of Economic Analysis & Policy* 6.

Gruber, Jonathan. 2007. *Public Finance and Public Policy*. New York: Worth Publishers.

Grubert, Harry, and Rosanne Altshuler. 2008. "Corporate Taxes in the World Economy: Reforming the Taxation of Cross-Border Income." In *Fundamental Tax Reform: Issues, Choices, and Implications*, edited by John W. Diamond and George R. Zodrow. Cambridge, MA: MIT Press.

Grubert, Harry, and John Mutti. 2001. *Taxing International Business Income: Dividend Exemption versus the Current System*. Washington, DC: AEI Press.

Harberger, Arnold C. 1962. "The Incidence of the Corporation Income Tax." *Journal of Political Economy* 70:215–40.

———. 1995. "The ABCs of Corporate Tax Incidence: Insights into the Open Economy Case." In *Tax Policy and Economic Growth*. Washington, DC: American Council for Capital Formation.

———. 2008. "Corporate Tax Incidence: Reflections on What Is Known, Unknown, and Unknowable." In *Fundamental Tax Reform: Issues, Choices, and Implications*, edited by John W. Diamond and George R. Zodrow. Cambridge, MA: MIT Press.

Hariton, David P. 1994. "Distinguishing between Equity and Debt in the New Financial Environment." *Tax Law Review* 49:499–524.

Harris, Milton, and Artur Raviv. 1991. "The Theory of Capital Structure." *Journal of Finance* 46:297–355.

Hassett, Kevin A., and Aparna Mathur. 2006. "Taxes and Wages." Public Policy Research Working Paper 128. Washington, DC: The American Enterprise Institute.

Hines, James R. 2007. *Reconsidering the Taxation of Foreign Income*. Paper prepared for panel discussion at NYU Law School, November 14.

Horst, Thomas. 1980. "A Note on the Optimal Taxation of International Investment Income." *Quarterly Journal of Economics* 94:793–98.

Jensen, Michael C., and William Meckling. 1976. "Theory of the Firm: Managerial Behavior, Agency Costs, and Capital Structure." *Journal of Financial Economics* 3:305–60.

Joos, Peter R., and George A. Plesko. 2004. "Costly Dividend Signaling: The Case of Loss Firms with Negative Cash Flows." Working Paper 4474-04. Cambridge, MA: MIT

Sloan School of Management.

Keynes, John Maynard, ed. 1964. *The General Theory of Employment, Interest, and Money.* San Diego, CA: Harcourt Brace.

King, Mervyn. 1977. *Public Policy and the Corporation.* London: Chapman and Hall.

Kleinbard, Edward D. 2005. "The Business Enterprise Income Tax: A Prospectus." *Tax Notes* 106:97–107.

———. 2007a. "Throw Territorial Taxation from the Train." *Tax Notes* 114:547–64.

———. 2007b. *Rehabilitating the Business Income Tax.* Washington, DC: The Brookings Institution.

———. 2007c. "Designing an Income Tax on Capital." In *Taxing Capital Income*, edited by Henry J. Aaron, Leonard E. Burman, and C. Eugene Steuerle (165–210). Washington, DC: Urban Institute Press.

Kleven, Henrik Jacobson, and Joel Slemrod. 2008. "A Characteristics-Driven Approach to Optimal Taxation and Tax-Driven Product Innovation." Working paper. http://personal.lse.ac.uk/KLEVEN/Downloads/MyPapers/workingPapers/Characteristics%20May%202008.pdf.

Knoll, Michael. 1996. "An Accretion Corporate Income Tax." *Stanford Law Review* 49:1–43.

Kraus, Alan, and Robert H. Litzenberger. 1973. "A State-Preference Model of Optimal Financial Leverage." *Journal of Finance* 28:911–22.

Melnyk, Z. Lew. 1970. "Cost of Capital as a Function of Financial Leverage." *Decision Sciences* 1:327–56.

Melvin, James R. 1982. "The Corporate Income Tax in an Open Economy." *Journal of Public Economics* 17:393–403.

Miller, Merton H. 1977. "Debt and Taxes." *Journal of Finance* 32:261–75.

Mitchell, Daniel J. 2007. "Corporate Taxes: America Is Falling Behind." *Tax and Budget Bulletin* 48:1–2. http://www.cato.org/pubs/tbb/tbb_0707_48.pdf.

Modigliani, Franco, and Merton H. Miller. 1958. "The Cost of Capital, Corporation Finance, and the Theory of Investment." *American Economic Review* 48:261–97.

———. 1963. "Corporate Income Taxes and the Cost of Capital: A Correction." *American Economic Review* 53:433–43.

Myers, Stewart C., and Nicholas S. Majluf. 1984. "Corporate Financing and Investment Decisions when Firms Have Information That Investors Do Not Have." *Journal of Financial Economics* 13:187–221.

Plumb, William T. 1971. "The Federal Income Tax Significance of Corporate Debt: A Critical Analysis and a Proposal." *Tax Law Review* 26:369–640.

Posner, Eric A., and Cass R. Sunstein. 2008. "Climate Change Justice." *Georgetown Law Journal* 96:1565–1612.

Randolph, William C. 2006. "International Burdens of the Corporate Income Tax." Working Paper 2006-09. Washington, DC: Congressional Budget Office.

Richman, Peggy Brewer. 1963. *Taxation of Foreign Investment Income: An Economic Analysis.* Baltimore, MD: Johns Hopkins Press.

Ridley, Mark. 1993. *The Red Queen: Sex and the Evolution of Human Nature*. New York: Harper Perennial.

Russell, Bertrand. 1959. *The Problems of Philosophy*. Oxford: Oxford University Press.

Shaviro, Daniel N. 1995. "Risk-Based Rules and the Taxation of Capital Income." *Tax Law Review* 50:643–724.

———. 2000a. "Economic Substance, Corporate Tax Shelters, and the Compaq Case." *Tax Notes* 88:221–44.

———. 2000b. *When Rules Change: An Economic and Political Analysis of Transition Relief and Retroactivity*. Chicago: University of Chicago Press.

———. 2002. "Money on the Table? Responding to Cross-Border Tax Arbitrage." *Chicago Journal of International Law* 3:317–31.

———. 2007a. *Taxes, Spending, and the U.S. Government's March toward Bankruptcy*. New York: Cambridge University Press.

———. 2007b. "The Optimal Relationship between Taxable Income and Financial Accounting Income: Analysis and a Proposal." Forthcoming in *Georgetown Law Journal*.

———. 2007c. "Why Worldwide Welfare as a Normative Standard in U.S. Tax Policy?" *Tax Law Review* 60:155–78.

———. 2008a. "Beyond the Pro-Consumption Tax Consensus." *Stanford Law Review* 60:745–88.

———. 2008b. "Simplifying Assumptions: How Might the Politics of Consumption Tax Reform Affect (Impair) the End Product?" In *Fundamental Tax Reform: Issues, Choices, and Implications*, edited by John W. Diamond and George R. Zodrow. Cambridge, MA: MIT Press.

———. 2008c. "Disclosure and Civil Penalty Rules in the U.S. Legal Response to Corporate Tax Shelters." In *Tax and Corporate Governance*, edited by Wolfgang Schon. Munich: Springer.

Shefrin, Hersh M., and Meir Statman. 1984. "Explaining Investor Preference for Cash Dividends." *Journal of Financial Economics* 13:253–82.

Sheppard, Lee A. 2005. "Having It Both Ways on Feline PRIDES." *Tax Notes* 106:632–39.

Simons, Henry C. 1938. *Personal Income Taxation*. Chicago: University of Chicago Press.

Skinner, Douglas J. 2003. "What Do Dividends Tell Us about Earnings Quality?" Working paper. Chicago: University of Chicago Graduate School of Business.

Smith, Adam. 1976 ed. *An Inquiry into the Nature and Causes of the Wealth of Nations*. Chicago: University of Chicago Press.

Spence, A. Michael. 1974. *Market Signaling*. Cambridge, MA: Harvard University Press.

Staff of U.S. Joint Committee on Taxation. 1991. *Factors Affecting the International Competitiveness of the United States*. Washington, DC: Government Printing Office.

Stiglitz, Joseph E. 1973. "Taxation, Corporate Financial Policy, and the Cost of Capital." *Journal of Public Economics* 2:1–34.

Tobin, James. 1969. "A General Equilibrium Approach to Monetary Theory." *Journal of Money Credit and Banking* 1:15–29.

U.S. Treasury Department. 1992. *Integration of the Individual and Corporate Tax Systems: Taxing Business Income Once.* Washington, DC: Government Printing Office.

———. 2000. *The Deferral of Income Earned through U.S. Controlled Foreign Corporations: A Policy Study.* Washington, DC: Government Printing Office.

———. 2007. *Approaches to Improve the Competitiveness of the U.S. Business Tax System for the 21st Century.* Washington, DC: Government Printing Office.

Viswanathan, Manoj. 2007. "Sunset Provisions in the Tax Code: A Critical Evaluation and Prescriptions for the Future." *New York University Law Review* 82:656–88.

Warren Alvin C. 1993. "Financial Contract Innovation and Income Tax Policy." *Harvard Law Review* 107:460–92.

———. 2001. "Income Tax Discrimination against International Commerce." *Tax Law Review* 54:131–69.

Weiner, Joann M. 2007a. "Measuring the Effects of the Dividend Repatriation Holiday." *Tax Notes* 117:853–54.

———. 2007b. "Tax Breaks for Sale." *Tax Notes* 117:855.

Weisbach, David A. 1999. "Line-Drawing, Doctrine, and Efficiency in the Tax Law." *Cornell Law Review* 84:1627–81.

Young, Sam. 2007. "JCT Chief Discusses Thorny Issues on Hill Agenda." *Tax Notes* 117:1110–11.

Zakaria, Fareed. 2008. "The Future of American Power." *Foreign Affairs* 87(3). http://www.foreignaffairs.org/20080501facomment87303/fareed-zakaria/the-future-of-american-power.html.

# 税法学研究文库

1. 税收程序法论——监控征税权运行的法律与立法研究　　施正文
2. WTO体制下的中国税收法治　　刘剑文主编
3. 税法基础理论　　刘剑文、熊伟
4. 转让定价法律问题研究　　刘永伟
5. 税务诉讼的举证责任　　黄士洲
6. 税捐正义　　黄俊杰
7. 出口退税制度研究　　刘剑文主编
8. 税法基本问题·财政宪法篇　　葛克昌
9. 所得税与宪法　　葛克昌
10. 纳税人权利之保护　　黄俊杰
11. 行政程序与纳税人基本权　　葛克昌
12. 论公共财政与宪政国家——作为财政宪法学的一种理论前言　　周刚志
13. 税务代理与纳税人权利　　葛克昌、陈清秀
14. 扣缴义务问题研析　　钟典晏
15. 电子商务课征加值型营业税之法律探析　　邱祥荣
16. 国际税收基础　　〔美〕罗伊·罗哈吉著　林海宁、范文祥译
17. 民主视野下的财政法治　　刘剑文主编
18. 比较税法　　〔美〕维克多·瑟仁伊著　丁一译
19. 美国联邦税收程序　　熊伟
20. 国际技术转让所得课税法律问题　　许秀芳
21. 财政转移支付制度的法学解析　　徐阳光
22. 《企业所得税法》实施问题研究——以北京为基础的实证分析　　刘剑文等著
23. 法学方法与现代税法　　黄茂荣
24. 解密美国公司税法　　〔美〕丹尼尔·沙维尔著　许多奇译

2011年11月更新